AF557502

lebe.jetzt
LIEBE BEZIEHUNG SEX

Arne Hoffmann

Die ersten Schritte SM

Erotische Unterwerfung für Anfänger

Erotik-Ratgeber

lebe.jetzt Hardcover
Band 526
1. Auflage: März 2018
2. Auflage: Dezember 2020
3. Auflage: März 2024

Vollständige Buchausgabe
Originalausgabe

lebe.jetzt ist eine Marke von

Lektorat:
Marie Gerlich

Umschlaggestaltung: www.heubach-media.de
gesetzt in der Trajan Pro,
Adobe Garamond Pro & Corporate S

Printed in Germany
ISBN 978-3-7507-3952-9
www.blue-panther-books.de

Inhalt

Liebe Leserin, lieber Leser,

es ist vermutlich schwer, in unserer Zeit und unserer Kultur zu leben und nicht schon mal von SM-Spielen gehört zu haben. In den letzten Jahrzehnten haben solche Praktiken den Hauch des »Perversen«, mit dem sich »normale Menschen« nie beschäftigen würden, verloren. Stattdessen liest man immer häufiger, dass diese Form der Erotik höchste Lust bereiten und eine aufregende Abwechslung zum Kuschelsex darstellen kann.

Vielen Menschen sind SM-Aktionen aber immer noch ein bisschen unheimlich. Kann das wirklich gesund sein, dem geliebten Partner wehzutun oder ihn zu erniedrigen? Diese Unsicherheit führt zu einem Spannungszustand zwischen dem Interesse daran, solche Praktiken einmal selbst auszuprobieren, und der Furcht, man könnte dabei etwas falsch machen und seinem Partner oder sich selbst vielleicht große Unannehmlichkeiten zufügen.

Hier könnte ein Ratgeber helfen, der sich an den absoluten Anfänger in solchen Dingen richtet – jemanden, den diese Spielart der Erotik interessiert, der aber noch keinerlei Erfahrungen damit hat. Genau solch einen Ratgeber hältst du jetzt in Händen.

Wenn du bisher so gut wie nichts über SM-Spiele weißt, dann ist er speziell für dich gemacht. Hier erfährst du, wie solche Spiele einzuschätzen sind, wie du mit ihnen dein Sexleben verbessern kannst, wie deine erste Schritte aussehen können und worauf du dabei zu achten hast. Du erhältst viele Hinweise, die sich bei erfahrenen SMern zigfach bewährt haben. Und du wirst so in diese neue Welt geführt, dass du sie gemäß deinen ganz eigenen Fantasien und Bedürfnissen so einrichten kannst, dass es dir darin gut geht und du genau jene sexuellen Wonnen erleben kannst, die du dir wünschst.

Ich für meinen Teil wünsche dir viel Spaß beim Lesen – und danach beim Ausprobieren! Hab Mut! Es ist gar nicht so schwierig, wie du jetzt vielleicht noch denkst. Aber die Glücksgefühle, wenn es dir gelingt, deine noch verborgenen Fantasien in die Tat umzusetzen, können wirklich berauschend sein.

In diesem Sinne:
Viel Spaß beim Lesen,
viel Spaß beim Ausprobieren!

Was genau ist mit »SM«, also Sadomasochismus, eigentlich gemeint?

Der Ausdruck »Sadomasochismus« beinhaltet eine große Bandbreite erotischer Praktiken, bei denen es darum geht, dass ein Partner Macht über den anderen ausübt und ihn auf körperlicher oder seelischer Ebene auf ganz unterschiedliche Weise belastet. Diese Praktiken werden von beiden Partnern als lustvoll erlebt.

Die Begriffe »Sadismus« und »Masochismus« sind mehr als hundert Jahre alt und wurden von dem aus Mannheim stammenden Sexualforscher Baron Richard von Krafft-Ebing geschaffen. Krafft-Ebing veröffentlichte im Jahr 1886 eine Zusammenstellung sexueller Spielarten, wobei er diese beiden als seelische Erkrankung einordnete. Von dieser Sichtweise haben sich die allermeisten Psychologen und Sexualforscher jedoch in den letzten Jahrzehnten gelöst.

Anstelle von »SM« liest man inzwischen immer häufiger »BDSM«. Warum ist das so und was bedeutet diese Abkürzung?

Der Vorteil des Kürzels »BDSM« besteht darin, dass es noch weiter auffächert, in welche Zweige sich diese Vorliebe aufteilt. Dabei werden die vier Buchstaben dieses Kürzels jeweils doppelt genutzt: BD steht für »Bondage«– also Fesseln – sowie für »Bondage & Discipline« – Fesseln und Gehorsam. »DS« steht für »Dominance & Submission«, »SM« dient als Abkürzung für »Sadomasochismus«, also das Zufügen und Erleiden von Schmerzen.

Indem das Kürzel »BDSM« die Bandbreite entsprechender Praktiken zeigt, hilft es, Missverständnisse zu vermeiden. Wenn man früher sagte, man sei ein Fan von »SM«, klang es automatisch so, als ginge es nur um die Lust, die aus körperlichem Schmerz entsteht. Tatsächlich aber gibt es viele SM-Liebhaber, die Schmerzen überhaupt nichts abgewinnen können, sondern die eher auf Aktionen stehen, bei denen ein Partner den anderen fesselt oder herumkommandiert. Wenn dir also jemand berichtet, dass er »SM-Spiele« reizvoll findet, solltest du dich erst einmal erkundigen, was genau er damit meint.

Denn die Buchstaben B und D werden bei Begriffen wie »SM-Spiele«, »SM-Szene« und so weiter immer noch häufig weggelassen, obwohl das komplette BDSM-Spektrum gemeint ist.

Worin besteht der Unterschied zwischen BDSM und Missbrauch?

Leider kommt es in viel zu vielen Partnerschaften vor, dass ein Partner vom anderen herumkommandiert oder misshandelt wird. Das kann ein Grund dafür sein, BDSM-Spielen erst einmal skeptisch gegenüberzustehen. Im Unterschied zu echter Gewalt in der Partnerschaft handelt es sich bei BDSM-Spielen – wie das Wort schon sagt – um *Spiele:* Aktionen, auf die man sich miteinander einlässt, für die man entsprechende Vereinbarungen eingeht und die man gemeinsam plant.

Woher weißt du nun, ob das, was du erlebst, in Ordnung ist oder nicht? Um das klarzustellen, hat die SM-Szene drei Kategorien entwickelt, die für SM-Aktionen zu gelten haben. Diesen Kategorien zufolge ist SM grundsätzlich »safe, sane and consensusal«, zu Deutsch: »körperlich sicher, geistig gesund und einvernehmlich«.

»Körperlich sicher« (*safe*) bedeutet, dass ein Partner dem anderen zwar Schmerzen und kleinere Verletzungen wie Peitschenstriemen zufügen darf, ernsthafte Verwundungen aber vermieden werden sollten. Auch »Safer sex«, der Schutz vor sexuell übertragbaren Krankheiten, gehört dazu. »Geistig gesund« (*sane*) bedeutet, dass man mit seinem Partner nichts anstellt, was auf psychologischer Ebene nicht mehr akzeptabel ist. Und »einvernehmlich« (*consensusal*) bedeutet, dass beide Partner mit allem einverstanden sein müssen, was passiert.

Unter uns gesagt: Das Motto »safe, sane and consensusal« ist zwar grundsätzlich eine gute Richtlinie, aber auch ein bisschen wischiwaschi, also nicht wirklich eindeutig. Was für den einen eine nicht mehr akzeptable körperliche Verletzung darstellt, würde für jemand anderen ganz einfach dazugehören oder ihm sogar erst den Kick geben, den er benötigt. Was noch als »geistig gesund« zählt, davon haben verschiedene Menschen ebenfalls komplett unterschiedliche Vorstellungen. Und während »einvernehmlich« im ersten Moment ausreichend klar aussieht – keiner darf mit dir etwas tun, was du nicht willst –, gibt es Leute, die es mögen, ihrem Partner zum Beispiel zu erlauben, dass er einen Abend lang alles mit ihnen anstellt, was er gern möchte, auch wenn es ihnen selbst nicht wirklich gefällt. Diese Leute werden erst dadurch so richtig geil, dass sie sich komplett ausgeliefert und machtlos fühlen. Das sind dann allerdings schon Praktiken für Profis – und für Paare, die im Lauf der Zeit viel Vertrauen zueinander aufgebaut haben.

Gehört Rückenkratzen, Festhalten und Augenverbinden schon zu SM?

Auch über die Frage, mit welchen Praktiken man beginnt, sich in den SM-Bereich zu bewegen, könnte man lange Diskussionen führen, wenn man mit seiner Zeit nichts Besseres anzufangen wüsste. Die drei genannten Praktiken stellen in der Tat zumindest die Vorstufe zu SM-Aktionen dar. Wenn ich meinem Partner beim leidenschaftlichen Sex den Rücken aufkratze, handelt es sich ja aus meiner Sicht um eine Form von lustvoller Aggression und aus der Sicht meines Partners um ein besonders intensives körperliches Erlebnis, das, obwohl es etwas unangenehm sein kann, seine Lust weiter anheizt. Wenn ich meinen Partner beim Sex festhalte, kann ich meine Kontrolle über ihn genießen und er seine Hilflosigkeit. Und wenn ich ihm die Augen verbinde, liefert er sich mir auch in gewisser Weise aus und wir erkunden, wie stark sein Vertrauen mir gegenüber ist.

All diese Spiele sind dazu geeignet, die erotische Spannung zu erhöhen, die beim Sex miteinander existiert. Demselben Zweck sollen weitergehende SM-Aktionen dienen. Wenn du also nicht gleich ins kalte Wasser springen, sondern erst mal deinen großen Zeh hineinstecken möchtest – beziehungsweise wenn du deinen Partner dazu verführen willst –, kann es sinnvoll sein, erst mal mit solchen harmloseren Aktionen zu beginnen und zu schauen, wie du dich dabei fühlst.

Gehört Sex automatisch zu SM-Spielen dazu?

Hier kommt es darauf an, wie man »Sex« definiert. Für mich zum Beispiel ist erotischer Kontakt zwischen zwei Menschen, einschließlich SM-Spielen, immer Sex. Für den früheren US-Präsidenten Bill Clinton hingegen handelt es sich offenbar nicht einmal um Sex, wenn er von seiner Praktikantin einen geblasen bekommt. Wenn sich diese Frage auf den typischen Kuschelsex bezieht, bei dem ein Partner in den anderen eindringt (also klassischer Geschlechtsverkehr), dann ist die Antwort klar: Solche Handlungen können genauso von SM-Spielen ausgeschlossen werden wie alle anderen auch. Es gibt sogar ziemlich viele Menschen, die zusammen Spaß beim SM haben, aber keinen Sex im engeren Sinne miteinander möchten. So wie bei fast allem anderen zählt hier nur, was du und dein Partner bevorzugen. Ihr könnt SM sogar komplett ohne Körperkontakt genießen.

Besteht nicht doch die Gefahr, dass man mental aus der Spur gerät, wenn man sich auf solche Spiele einlässt?

Auf Außenstehende und Neulinge können SM-Spiele ein bisschen gruselig wirken. Wenn man zum Beispiel im Internet nach entsprechenden Videos stöbert und sieht, wie bei solchen Aktionen Menschen von anderen anscheinend aufs Übelste gequält werden, kann einen das durchaus verunsichern – erst recht, wenn man in sich selbst entsprechende Neigungen spürt. Kann das wirklich eine gesunde Form von Sexualität darstellen?

Diese Angst wird womöglich noch verstärkt, wenn man einen jahrzehntealten Sex-Ratgeber in die Hände bekommt, in dem SM-Spiele noch abgelehnt werden, oder wenn man es mit manchen Vertretern einer Denkrichtung namens Psychoanalyse zu tun bekommt, die sich stark an Auffassungen orientiert, die vor hundert Jahren hinsichtlich Sexualität geherrscht haben.

Heutzutage ist sich die Sexualforschung einig: Solche Spiele sind genauso gefährlich oder harmlos wie Sexualität ohne diese Elemente auch. Wenn man an den falschen Partner gerät, kann es problematisch werden, aber der Sinn der Sache besteht darin, allen Beteiligten Lust zu bereiten. Verschiedene Untersuchungen haben in den letzten Jahren immer wieder gezeigt, dass Menschen, die sich auf diese Aktionen einlassen, weder an einer seelischen Störung leiden noch antisoziale Einstellungen besitzen. Es zeigte sich sogar, dass die Versuchspersonen glücklicher waren und sich eher in stabilen Beziehungen befanden als die Menschen, mit denen man sie verglichen hatte und die keine solchen Vorlieben hegten. Die SM-Liebhaber waren weder als Kinder häufiger von ihren Eltern misshandelt worden noch hatten sie öfter irgendwelche anderen Erfahrungen gemacht, die sie schwer belasteten und die sie auf diese Weise verarbeiten mussten.

SM ist insofern einfach eine Art Spiel, auf das sich zwei (oder mehr) Menschen einigen und das jeder von ihnen auch abbrechen kann, wenn es ihm irgendwann zu wild werden sollte. Glücklicherweise sieht man ja auch bei vielen Pornoclips im Internet Menschen, die sich zuvor noch gegenseitig gefoltert haben, danach friedlich zusammensitzen und miteinander lachen.

Was ist das Reizvolle an solchen Spielen?

Gut, wirst du dich jetzt vielleicht fragen, aber warum machen so viele Menschen solche seltsamen Dinge? Und warum bringen mich solche Fantasien selbst derart in Fahrt, dass ich gern versuchen würde, so etwas auszuprobieren?

Ganz genau weiß das offen gesagt niemand. Wir Menschen werden nun mal von ganz unterschiedlichen Dingen erregt, ohne dass man wirklich herausfinden kann, woran es liegt. Manche Männer stehen bei Frauen zum Beispiel auf große Brüste, während anderen Männern das eher gleichgültig ist und sie dafür auf lange Beine abfahren. So wie in vielen anderen Sphären des Lebens ist das einfach eine Frage des persönlichen Geschmacks.

Es gibt allenfalls eine hübsche Theorie, die man zwar nicht im Geringsten beweisen kann, die aber immerhin Sinn ergibt: Dieser Theorie zufolge sind solche Spiele für manche Menschen eine Form, mit eigenen Ängsten umzugehen und sie auf diese Weise zu bewältigen. Wer also zum Beispiel Angst vor einem Krankenhausaufenthalt hat, lässt sich dann eher für Spiele im Zusammenhang mit Kliniksex begeistern, bei denen man als Patient einem Arzt ausgeliefert ist. Und wer im wahren Leben mit Uniformträgern oder anderen Formen von Autorität ein Problem hat, der findet es besonders prickelnd, wenn das ein Element von SM-Spielen wird. Demnach würde unsere Psyche innere Belastungen also in sexuelle Lust umwandeln, um daraus statt einer negativen eine positive Erfahrung zu machen, damit man besser damit zurechtkommt. Diese Theorie würde immerhin erklären, warum sich SM-Liebhaber in Untersuchungen als seelisch besonders ausgeglichen zeigen.

Stellen die Bücher und Filme »50 Shades of Grey« SM realistisch dar?

Die Romanreihe »50 Shades of Grey« hat zwar zu mehr Aufmerksamkeit und gesellschaftlicher Akzeptanz für SM-Aktionen geführt, ist aber bei vielen echten SM-Fans ironischerweise nicht besonders beliebt.

Ein erster Grund dafür besteht darin, dass SM darin als genau jene sexuelle Störung präsentiert wird, als die sie Sexualwissenschaftler seit Jahrzehnten nicht mehr sehen. Christian Grey, der männliche Held der Geschichte, wurde als Kind durch sexuellen Missbrauch traumatisiert und kann deshalb jetzt nur noch Sex haben, wenn er seine Partnerin fesselt und schlägt. Davon muss er erst durch Anastasias Liebe sozusagen »geheilt« werden. Im wahren Leben haben Menschen, denen SM-Spiele Spaß machen, natürlich auch gern ganz normalen Kuschelsex.

Aber die Romane sind in noch schwerwiegenderem Ausmaß dafür geeignet, bei jemandem, der sich damit nicht auskennt, einen falschen Eindruck von SM zu erzeugen. Und selbst wenn du diese Romane nicht gelesen hast, kann man daran sehr gut verdeutlichen, was SM ist und was einfach nur ein albernes Klischee.

Schon in den ersten Kapiteln der Romanreihe etwa zeigt sich, dass Christian Grey heimlich Software auf Anastasias Handy installiert hat (eine Frau, die er zuvor gerade zwei Mal getroffen hat), um immer sehen zu können, wo sie sich befindet. Diese Technologie benutzt er weiter, auch nachdem sie ihm mitgeteilt hat, dass sie ihn nicht sehen möchte. Als sie in einer Bar bewusstlos wird, verschleppt er sie in sein Hotelzimmer, wo er die immer noch Bewusstlose entkleidet, das Bett mit ihr teilt und einen seiner Angestellten ihre Maße nehmen lässt, damit sie exakt passende Unterwäsche erhält.

Als sie wachsendes Interesse an ihm zeigt, nutzt er dies aus, um ihr sexuelle Praktiken nahezubringen, mit denen sie sich sichtlich nicht wohlfühlt. Sobald sie ihm widerspricht, verdeutlicht er ihr, dass sich das für eine unterwürfige Partnerin nicht gehöre, und droht ihr an, sie zu bestrafen. Als Anastasia Dingen widerspricht, die er in einem »Sklavenvertrag« mit ihr festlegen möchte, mailt er ihr die Wikipedia-Definition des Wortes »unterwürfig« zu. Und als sie ihn einmal fragt, warum sie sein Sexspielzeug werden solle, erwidert er: »Um mir Vergnügen zu bereiten.«

Solche Geschichten, vor allem wenn sie massenhaft gelesen werden, können vor allem zwei negative Folgen haben. Sie können Angst vor SM-Erotik machen und dazu führen, dass man davor zurückschreckt, weil man befürchtet, sich einem anderen Menschen komplett ausliefern zu müssen und die eigenen Wünsche und Bedürfnisse überhaupt nichts zählen. Oder – und das wäre fast noch schlimmer – sie erwecken den Eindruck, dass »echter« SM genauso und nicht anders sein muss, weshalb man sich von seinem Herrn oder seiner Herrin tatsächlich alles Mögliche gefallen lässt – auch Dinge, die man nicht mag oder die einem nicht guttun.

Es ist mir deshalb wichtig – noch bevor wir zu praktischen Tipps kommen – klarzumachen, dass SM in gesunden Beziehungen so gerade *nicht* gehandhabt wird. Sexuelle Erfahrungen sollten für *beide* Partner lustvoll sein und nicht etwas, das einer dem anderen zuliebe erträgt. Die Aufteilung in Herr/Herrin und Sklave/Sklavin gilt nur innerhalb des Rollenspiels – so lange es auch dauert – und nicht außerhalb. Andernfalls hätte ein Mensch in unserer Gesellschaft automatisch mehr Rechte als ein anderer, nur weil er zufällig eine dominante Neigung besitzt und der andere eine unterwürfige.

Wer sagt bei SM-Spielen eigentlich wirklich, wo's langgeht: der Herr oder der Sklave?

Manche Menschen, die über Erfahrung mit SM-Spielen verfügen, behaupten, es sei in Wahrheit der unterwürfige Partner, der festlege, was bei einem solchen

Spiel passiere, denn er lege von Anfang an fest, was erlaubt und was verboten sei, und steuere das Spiel oft auch aus seiner Rolle als »Sklave« heraus. (»Du kannst mich ruhig noch fester peitschen! Aua, nein, das ist *zu* fest!«)

Diese Behauptung geht allerdings ein bisschen weit. Letzten Endes unterhalten sich beide Partner vor solchen Aktionen darüber, was dabei stattfinden wird und was nicht. Im Idealfall herrscht also Gleichberechtigung. Es kann aber auch gut sein, dass sich wie in zahlreichen anderen Bereichen einer Partnerschaft immer wieder einer der beiden Partner durchsetzt – etwa weil er besser argumentieren kann, der andere nachgiebiger ist und unnötige Konflikte vermeiden möchte oder weil dem einen Partner diese Beziehung oder diese Form von Sex einfach wichtiger ist als dem anderen. All diese Faktoren sind aber unabhängig davon, wer innerhalb einer solchen Aktion den Herrn und wer den Sklaven spielt.

Letzten Endes kommt es hier also auf den Einzelfall an. Es gibt Sklaven, die ihre Herren immer wieder zu bestimmten Handlungen hinlenken und sie so letztlich zu steuern versuchen. Sobald ihnen etwas auch nur im Ansatz unangenehm wird, legen sie durch ein sogenanntes Safeword (dazu kommen wir noch) ein Veto ein. Oder, im umgekehrten Fall, sie benehmen sich besonders aufsässig, um auf die gewünschte Weise bestraft zu werden. Dieses Steuern des Spiels, das als »topping from the bottom« bezeichnet wird, empfinden viele Herren als nervig. Andere fühlen sich dadurch kaum gestört.

Auf der anderen Seite kann aber auch derjenige die Oberhand haben, der in einem dieser Spiele die Rolle des Herrn innehat. Das wäre beispielsweise dann der Fall, wenn er seinen Sklaven immer wieder über dessen Komfortzone hinaus und an seine Grenzen führt, während der Sklave sich das widerspruchslos gefallen lässt – beispielsweise weil ihn das erregt, weil er die Stimmung des Spiels nicht zerstören möchte oder weil er findet, dass ein »Herr« tatsächlich zumindest einige kleine Vorrechte genießen darf. In all diesen Fällen ist es aber die jeweils freiwillige Entscheidung des »Sklaven«.

Wie kann man ein SM-Spiel vom Rest der Partnerschaft abgrenzen?

In dem, was ich dir auf den vorangegangenen Seiten erklärt habe, dürfte eines besonders deutlich geworden sein: Bei SM-Aktionen handelt es sich um eine Art Spiel, das man miteinander macht, weshalb auch immer wieder genau dieser Begriff (»SM-Spiele«) verwendet wird. Gleichzeitig ist das für Außenstehende und für Neulinge nicht immer leicht zu durchschauen, weshalb viele glauben, dass der dominante Partner den unterwürfigen tatsächlich irgendwie kontrolliert oder ihm etwas antut.

Hier stellt sich eine ganz praktische Frage: Wie können die beiden Partner sich gegenseitig deutlich machen, dass das, was hier geschieht, wirklich nur spielerisch stattfindet und nicht ernst gemeint ist? Dafür gibt es ganz unterschiedliche, aber nahe liegende Methoden:

- Am einfachsten ist, wenn ein bestimmter Zeitraum für dieses Spiel festgelegt wird: zum Beispiel eine Stunde, bis die Lieblingsserie des Partners anfängt, oder ein Wochenende.

- Die Partner können einen sogenannten »Sklavenvertrag« miteinander vereinbaren, also ein Schriftstück, in dem sie die Regeln und Verbote ihrer Spiele genauestens festlegen.

- Die beiden Partner eröffnen und beenden ihre Spiele jeweils mit einem bestimmten Ritual, beispielsweise dem Anlegen und Abnehmen eines Halsbandes. Solange der unterwürfige Partner dieses Halsband trägt, befindet er sich also in der Rolle des Sklaven. Ein anderes Ritual könnte darin bestehen, dass ein Partner dem anderen zu Beginn und zum Abschluss eines Spiels die Füße küsst.

- Die beiden Partner sprechen während des Spiels in einer Weise miteinander, wie sie sich im Alltag nie unterhalten würden, etwa indem der eine seinen Partner als »Herr« beziehungsweise »Herrin« und der andere seinen Partner als »Sklave«, »Schlampe« oder mit noch herabsetzenderen, demütigenden Ausdrücken anspricht. Während das als normaler Teil des Spiels akzeptiert wird, wäre es doch unüblich, zum Beispiel beim gemeinsamen Frühstück »Reich mir doch mal das Salz, Schlampe« zu sagen. Letzteres könnte entweder zu Erheiterung oder zu Beziehungskonflikten führen.

Gibt es auch Beziehungen, bei denen die Partner durchgehend Herr oder Sklave sind?

Ja, solche Partnerschaften gibt es auch. Man bezeichnet sie als »24/7-Beziehungen«, was so viel bedeutet wie: 24 Stunden am Tag, sieben Tage die Woche. Also durchgehend, rund um die Uhr.

Solche Beziehungen scheinen einer echten Versklavung ziemlich nahezukommen oder erwecken zumindest diese Illusion. Denn der Unterschied zu einer echten Versklavung ist auch klar: Es gibt nichts, was den unterwürfigen Partner davon abhält, das Spiel von einem Moment auf den anderen zu beenden, wenn es ihm keinen Spaß mehr macht. Um das zu vermeiden, sollte der dominante Partner also darauf achten, dass auch die Bedürfnisse seines »Sklaven« erfüllt werden.

Einem Außenstehenden ist hier vermutlich nicht ganz klar, worin der Reiz einer solchen scheinbaren »Vollzeit-Versklavung« besteht, aber jedem, der entsprechende Neigungen in sich spürt, durchaus: Die eigene Unabhängigkeit vollständig aufzugeben und nur noch als Diener des erwählten Partners zu existieren, kann für manchen unterwürfigen Menschen die Verwirklichung seiner Träume darstellen. Umgekehrt empfinden es viele dominante SMer als reizvoll, sich einen »Sklaven« zu halten, von dem sie rund um die Uhr verwöhnt werden. Die Frage ist nur, ob das auf Dauer funktioniert oder ob nicht doch immer wieder der Alltag und all die anderen Verpflichtungen (zum Beispiel beruflicher Natur) diese Illusion zerstören. Manche Unterwürfige merken schnell, dass sie doch starke eigene Bedürfnisse haben, die sie nicht ständig den Wünschen ihres Partners zuliebe zurückstellen möchten. Und für manche Dominante stellt es sich als unerwartet große Belastung heraus, ständig außer ihrem eigenen auch noch das Leben eines anderen Menschen zu regeln – und zwar so, dass dieser Mensch keine ernsthaften Schäden erleidet oder aus anderen Gründen irgendwann abspringt.

Insofern kann man einem SM-Anfänger nicht guten Gewissens empfehlen, ausgerechnet mit einer 24/7-Beziehung anzufangen. Jemand, der gerade erst das Schwimmen lernt, springt ja auch nicht gleich zu Beginn vom Zehn-Meter-Brett. Es ist bei SM-Spielen sehr viel sinnvoller, zunächst mit zeitlich begrenzten Aktionen zu beginnen und sich weitergehende Gedanken erst dann zu machen, wenn man das Gefühl hat, dass sie einem nicht ausreichen, um echte Befriedigung zu erlangen.

Welche SM-Aktionen sind die richtigen für mich?

Wenn du einen Ratgeber für SM-Anfänger liest, hast du wohl zumindest eine grobe Vorstellung davon, welche Dinge in diesem Bereich dich besonders in Fahrt bringen. Allerdings schadet es nicht, ein wenig näher darüber nachzudenken. Wenn du ein erotisches Buch liest oder einen Film siehst, in dem entsprechende Szenen vorkommen: Was genau macht dich daran besonders scharf?

Ich habe dir ja schon erklärt, wie sich der Begriff BDSM zusammensetzt: Fesseln, Unterwerfung und Sadomasochismus. Natürlich spielen in SM-Erzählungen und im Kopfkino oft all diese Dinge zusammen: Wenn du also eine Szene mit einer Frau siehst, die nackt gefesselt und öffentlich ausgepeitscht wird, wäre die erste Frage, ob du dich eher mit dieser Frau identifizierst – auch wenn du ein Mann bist – oder eher mit der Person, die sie misshandelt. Das kannst du vermutlich noch relativ leicht beantworten, auch wenn es Menschen gibt, die von beiden Rollen erregt werden. Diejenigen, die in SM-Spielen beide Rollen übernehmen, bezeichnet man als »Switcher«. Diese gespaltene Vorliebe ist seltener als eine reine Vorliebe für eine der beiden Rollen, aber ansonsten ist nichts

Besonderes dabei. Sie macht dich allenfalls bei der Partnersuche besonders flexibel.

Schon etwas schwieriger ist es, herauszufinden, welche Aspekte genau dich bei der oben geschilderten Szene am meisten erregen. Dass sich die gezeigte Frau hilflos und verzweifelt in ihren Fesseln windet, ohne sich befreien zu können? Dass sie die Schmerzen ertragen muss, die sie durch die Peitsche erleidet? Dass sie vor anderen Menschen nackt gedemütigt wird? Wenn du das nicht genau sagen kannst, überleg es dir anhand anderer persönlicher Lieblingsszenen: Gibt es da ein bestimmtes Muster? Welcher Aspekt steht bei deinen Fantasien im Vordergrund, um dir den letzten Schubs zu geben, der dich bei der Selbstbefriedigung zum Orgasmus bringt?

Sobald du auf diese Weise herausgefunden hast, was dir in erster Linie den erotischen Kick verschafft, solltest du dir allerdings darüber klar werden, dass du vermutlich nicht dieselbe Erfahrung machen würdest, wenn du deine Lieblingsfantasie eins zu eins in die Realität umsetzen würdest. Natürlich ist es schon aus rein praktischen Gründen unmöglich, sich in der Fußgängerzone nackt und gefesselt auspeitschen zu lassen, aber auf einer SM-Party wäre so etwas ja leicht vorstellbar. Trotzdem kann es sehr gut sein, dass du bei der Umsetzung einer solchen Fantasie nicht denselben Lustrausch erlebst, wie wenn du nur darüber fantasierst. Dafür lenken dich all die Dinge zu sehr ab, die in Wirklichkeit sehr unangenehm sind: Die Schmerzen bringen dich eher aus deiner Stimmung raus statt sie zu verstärken. Deine Hilflosigkeit macht dir Angst, zumal du ständig befürchtest, dass einer derjenigen Gäste zudringlich wird, die du nicht besonders anziehend findest. Und von allen angeglotzt zu werden ist dir derart unangenehm, dass gar keine richtige Lust bei dir entsteht.

Dass das so ist, bedeutet allerdings nicht, dass du dich irgendwelchen unrealistischen Illusionen hingibst, weil deine Fantasien so wirklichkeitsfremd und seltsam sind. Menschen, die von gängigeren erotischen Abenteuern wie beispielsweise Sex am Strand träumen, müssen auch damit klarkommen, dass die Wirklichkeit nicht so toll ist wie geträumt: Der Sand dringt in jede Ritze, die Wellen der Brandung waren im Traum viel weniger kalt und so weiter. Damit können sie aber gut umgehen, indem sie entsprechende Maßnahmen ergreifen – sich zum Beispiel eine andere Stelle suchen und sich ein Handtuch unterlegen. Sie schwächen damit die Reize ab, die in ihrer Fantasie besonders geil waren, in der Realität aber vor allem nerven. Dasselbe kannst du bei SM-Spielen tun.

Bei manchen Fantasien wirst du feststellen, dass sie nur im Kopfkino wirklich gut funktionieren und ihre Umsetzung grundsätzlich zu wünschen übrig lässt. So gefällt manchem zwar die Vorstellung, von einer grausamen Herrin nackt in ihrem Kellerverließ gehalten zu werden, aber wenn sie es bei einer Domina in die Tat umzusetzen versuchen, stellen sie schnell fest, dass ihnen schon nach einer knappen Stunde die Kälte, der harte Boden und dass sie dabei auch auf ihr geliebtes Smartphone verzichten müssen, derart zusetzen, dass ihnen jeglicher Sinn für Erotik vergeht. Das ist ein bisschen wie wenn man einen Thriller liest oder einen Horrorfilm sieht: Gemütlich auf der Couch ist das ausgesprochen reizvoll, aber wirklich erleben möchte man das sicher nicht.

Du kannst also nicht ausschließlich danach gehen, was dich in erotische Hochstimmung versetzt, sondern solltest all diese Dinge mit klarem Kopf kritisch prüfen. Ist es überhaupt realistisch, eine bestimmte Fantasie in dieser Form zu verwirklichen oder wäre es vernünftiger, ihre ansprechendsten Aspekte – etwas das Fesseln – in ein anderes Spiel zu übertragen? Kann man diese Fantasie in einer reduzierten Form umsetzen, also indem du bestimmte vorhersehbare Störfaktoren von vorneherein ausschaltest? Gibt es bestimmte Gefahren, die mit einer solchen Umsetzung im ungünstigsten Fall verbunden wären? Kann man diese Gefahren irgendwie unterbinden oder dadurch entstehende Schäden auffangen? Hast du oder dein Partner die dafür nötige Erfahrung oder solltet ihr vorher mit einer harmloseren Form dieser Fantasie üben?

Es bleibt deinem Naturell, deiner Risikobereitschaft und anderen persönlichen Faktoren überlassen, wie du dich hier entscheidest. Falls du emotional grundsätzlich schwer zu erschüttern bist, wirst du vermutlich kühner sein als ein insgesamt sensibler Mensch. Allerdings ist alles, was geeignet ist, dich sexuell zu erregen, auch geeignet, dich emotional aus dem Gleichgewicht zu bringen. Insofern würde ich dir raten, mit kleinen Schritten zu beginnen, statt von Anfang an in die Vollen zu gehen. Wenn du schon gleich bei eurem ersten Spiel das Nonplusultra erleben möchtest, steht dir eher eine Enttäuschung bevor.

Es bringt dir mehr, wenn du dir die Zeit für die erwähnten »kleinen Schritte« nimmst und darauf achtest, was schon diese scheinbaren Kleinigkeiten an Gefühlen in dir auslösen und wie es dir damit geht.

Beispielsweise ist schon eine von außen betrachtet so einfach wirkende Handlung wie vor seinem Partner niederzuknien für viele mit großen emotionalen Widerständen verbunden, die erst einmal bewältigt werden müssen – und das gilt noch mehr, wenn du deinem Partner im Anschluss daran die Füße küsst. Die Person in der dominanten Rolle hat es da einfacher, aber auch sie muss sich erst einmal emotional auf diese Situation einstellen.

Eine SM-Liebhaberin namens Eva, die ich für meinen Ratgeber »Lustvolle Unterwerfung« interviewt habe, stellt wunderbar dar, wie zurückhaltend die ersten Schritte in diesem Bereich sein können: Sie empfiehlt Anfängern, mit »Augen zu«-Spielen anzufangen, die auf Vertrauen basieren: »Der dominante Partner befiehlt dem devoten, die Augen zu schließen und sich auf das einzulassen, was kommt. Anschließend kann der Devote aufgefordert werden, ein paar Schritte auf den Dominanten zuzugehen, ohne genau zu wissen, ob etwas im Weg ist, sich in die Arme von Dom fallen zu lassen oder stillzuhalten, wenn ein Glas mit einer unbekannten Flüssigkeit an den Mund gesetzt wird. Das Entscheidende bei diesem Spiel ist, dass der Devote jederzeit die Möglichkeit hat, einen Rückzieher zu machen und die Augen zu öffnen. Er ist dem Dominanten also nicht wirklich ausgeliefert. Andererseits hat er das Gefühl, die Magie des Ganzen zu zerstören, sobald er seine Augen auch nur einen Spalt öffnet, und wird sich davor hüten. Der Dominante hingegen braucht keine Angst zu haben, dabei erwischt zu werden, wenn er sich dumm anstellt. Überlegungspausen werden vom Devoten als spannungssteigernde Pausen wahrgenommen. Der Dominante steht also viel weniger unter Druck. Insgesamt ist das etwas eher Leichtes, kann für beide Seiten aber sehr spannend sein. Denn es baut genau das auf, was für eine Unterwerfungsbeziehung entscheidend ist: Vertrauen zueinander. Man kann relativ wenig falsch machen, muss sich keine Gedanken um das ganze Drumherum machen und kommt relativ leicht hinein.«

Eine andere Möglichkeit, einen Anfänger emotional und körperlich zu quälen, dabei aber auf das Zufügen von Schmerzen komplett zu verzichten, besteht darin, dass der Dominante von euch den Unterwürfigen nackt und mit verbundenen Augen fesselt. Dann machst du dich daran, ihn mit deinen Fingern oder einer Feder zu kitzeln. Aber nicht einfach nur so, sondern indem du immer wieder lange Pausen zwischen deinen Kitzelattacken einlegst – Pausen, in denen dein Partner nicht weiß, wann die nächste Attacke erfolgen wird, aber jederzeit damit rechnen muss. Dadurch und durch seine völlige Hilflosigkeit wird er die ganze Zeit über in einem Zustand psychischer Anspannung gehalten, was schon nach ein paar Minuten überraschend intensiv werden kann.

Ähnlich zurückhaltend kannst du mit deinem Partner auf andere Weise experimentieren:

- Statt dass einer von euch den anderen mit rauen Stricken oder Stahlketten fesselt, verwendet er erst einmal weiche Tücher oder plüschbesetzte Handschellen. (Passt bei den Tüchern auf, dass sie sich nicht zu fest zu ziehen und nehmt nicht die billigsten Handschellen, die sich manchmal ebenfalls verengen oder plötzlich nicht mehr öffnen lassen.)

- Statt dass einer von euch dem anderen Schmerzen zufügt, versucht ihr es erst einmal mit anderen intensiven Reizen wie dem Bestreichen der nackten Haut mit Früchten oder Eiswürfeln.

- Statt dass einer von euch dem anderen eine Reihe erniedrigender Arbeitsaufträge gibt, lässt er sich von ihm lediglich massieren und im Intimbereich verwöhnen, wobei er hin und wieder strenge Befehle gibt, damit der Unterschied zum Kuschelsex deutlich genug bleibt.

- Statt dass einer den anderen durch Fesseln komplett hilflos macht und seiner Gnade ausliefert, verbindet er ihm erst einmal in die Augen und steuert ihn mit Befehlen durch die Wohnung.

- Statt dass einer von euch den anderen öffentlich vorführt, treibt er es mit seinem nackten »Sklaven«, der die Augen verbunden hat, so vor dem offenen Fenster, dass ihr von außen nicht gesehen werden könnt, während der »Herr« seinem »Sklaven« ins Ohr flüstert, wer angeblich alles zuschaut und wie diese Menschen reagieren.

Nach diesem Muster kannst du auch viele andere erotische Fantasien bei ihrer ersten Umsetzung ein wenig abschwächen. Wenn du dann feststellst, dass diese spielerische Variante für dich nicht prickelnd genug ist, könnt ihr immer noch einen Zahn zulegen.

Ich warne dich allerdings vor einer allzu hohen Erwartungshaltung: Bei SM-Spielen erlebt man genauso selten wie beim Kuschelsex schon beim ersten Mal die absolute Ekstase. Wenn derartige Hochgefühle ausbleiben, liegt es also nicht unbedingt daran, dass ihr etwas »falsch« macht oder dass ihr »einfach nicht der Typ für so was« wärt. Wahrscheinlicher ist, dass ihr euch schlicht am Beginn einer Lernkurve befindet und erst herausfinden müsst, was genau ihr am besten auf welche Weise miteinander anstellt, damit es eine wirklich lustvolle Erfahrung wird. Das wird nicht ohne Experimente möglich sein und Experimente können eben immer auch misslingen. Macht euch also von Anfang an klar, dass ihr eine solche Periode von Versuch und Irrtum genauso wenig überspringen könnt wie viele andere Menschen, die inzwischen von SM wirklich begeistert sind. Gebt euch die Zeit, die ihr für euren Lernprozess braucht, und spürt immer wieder nach, wie es euch mit euren Erfahrungen geht.

Zuletzt sei gesagt, dass du dich beim Entwerfen des passenden Szenarios nicht nur an deinen eigenen Fantasien orientieren kannst, sondern auch an denen deines Partners. Wirf doch mal einen Blick auf sein Bücherregal, seine Videosammlung oder sogar – falls dir das nicht zu übergriffig erscheint – auf seine Internetvorlieben, was Online-Pornos angeht. Gibt es dabei etwas immer Wiederkehrendes? Wenn ja, dann entwickle doch mal ein passendes spielbares Szenario, wie ich es dir gerade anhand deiner eigenen Fantasien erklärt habe. Vielleicht willst du deinem Partner ankündigen, dass etwas Entsprechendes auf ihn wartet; vielleicht willst du ihn aber auch damit überraschen, wenn du weißt, dass er grundsätzlich mit solchen Aktionen einverstanden ist.

Wie plane ich mit meinem Partner am besten, was einer von uns mit dem anderen anstellen darf?

Wenn man den Gedanken von SM-Aktionen in Form eines gemeinsamen Rollenspiels weiterführt, bedeutet das, dass ihr beide nicht nur die Schauspieler seid, sondern zugleich auch Drehbuchautoren und Regisseure. Das bedeutet, dass ihr nicht einfach mal so ein Spiel beginnt und intuitiv entscheidet, was passiert, sondern dass ihr euch vorher zumindest ein bisschen miteinander absprecht.

Vielleicht stellst du dir vor, dass es doch wesentlich reizvoller wäre, wenn einer von euch spontan entscheidet, was der andere tun soll, weil er sich dann besonders mächtig fühlt, während der andere einfach jedem Befehl gehorcht und so besonders in seiner Unterwürfigkeit aufgehen kann. Das kann funktionieren, aber vor allem bei Partnern, die schon ein bisschen erfahrener sind. Wenn ihr beide neu im Bereich SM seid, wisst ihr vermutlich noch gar nicht, was der andere möchte und was ihm Spaß macht. Und wenn der »Herr« von seinem »Sklaven« ständig Dinge verlangt, die dieser komplett unerotisch oder aus anderen Gründen doof findet oder die seine persönlichen Grenzen überschreiten, macht das Ganze ja auch keinen Spaß, sondern endet vermutlich schnell und ist alles andere als befriedigend.

Auf welche Punkte solltest du achten, damit eure gemeinsame Absprache für euer erotisches Spiel gelingt?

Zunächst einmal solltet ihr – also du und dein Partner – euch klarmachen, dass ihr euch vor Beginn des Spiels als Gleichberechtigte gegenübersteht. Nur diese Sicherheit schafft das nötige Vertrauen, sich voreinander zu öffnen und die eigenen Wünsche, Fantasien, Abneigungen und Ängste zu äußern. Es wäre fatal, wenn einer von euch beiden meint, seine Gefühle und Bedürfnisse zählten weniger, weil er der Unterwürfige ist, und er sie in sich hineinfrisst, statt sie klar zur Sprache zu bringen. Das dürfte dazu führen, dass ihm das Spiel weniger Spaß macht und er sich in Zukunft nicht so gern darauf einlässt. Vielleicht versucht er das Spiel auch durch passiven Widerstand zu sabotieren. Wenn das passiert, verliert ihr beide. Ein Partner, der gleichberechtigt und freiwillig bestimmte Spielregeln akzeptiert hat, dürfte sich weit eher auch daran halten.

Generell ist es sinnvoll, ein solches Gespräch mit klarem Kopf zu führen. Ein Glas Wein ist noch in Ordnung, weil es das Denken nicht beeinträchtigt, sondern lediglich nervöse Anspannung reduziert, sodass man etwas freier reden kann. Aber viel mehr sollte es nicht werden. Auch müde oder bekifft sollten du und dein Partner nicht sein – schon gar nicht bei euren ersten Gehversuchen auf diesem Terrain. Dagegen spricht auch, dass eine solche Unterhaltung oft Lust darauf macht, gleich mit dem Spiel anzufangen. Wenn man aber angetrunken oder berauscht ist, überschätzt man die eigenen Fähigkeiten und Belastungsgrenzen leicht, während man in Wahrheit wichtige Details übersieht und langsamer reagiert, als es sinnvoll wäre. Bei Spielen, die mit Fesselungen und körperlichen Bestrafungen zu tun haben, kann das gefährlich werden.

Versuche, zu einer Gesprächsatmosphäre beizutragen, die ruhig und entspannt ist – etwa durch entsprechende Umgebung, Beleuchtung oder Hintergrundmusik. Das gilt insbesondere, wenn einer von euch beiden vor diesem Gespräch ein bisschen nervös ist. Alles, was dazu beiträgt, eure innere Unruhe zu senken, ist hilfreich, denn umso freier und vertrauensvoller könnt ihr über die Dinge sprechen, die euch am Herzen liegen.

Jeder von euch beiden muss auch die absolute Sicherheit haben, dass er für diese Spiele zwar alles vorschlagen, aber auch jeden Vorschlag ablehnen kann, ohne damit einen langen Streit auszulösen. Wer sich bei bestimmten Praktiken unwohl fühlt, darf dazu Nein sagen, auch wenn sein Lover noch so geil darauf ist. Vielleicht gelingt es dem, dessen Wünsche abgelehnt werden, beim anderen durch weniger heikle Spiele im Lauf der Zeit ein so großes Vertrauen und eine so große Sicherheit aufzubauen, dass sein Partner schließlich auch zu Dingen ja sagt, die er vorher abgelehnt hatte. Vielleicht braucht derjenige, der vor bestimmten Ideen zurückgeschreckt ist, auch nur ein wenig Zeit, sie sich durch den Kopf gehen zu lassen. In jedem Fall ist es besser, ein paar Wochen später noch einmal sanft nachzufragen, als gleich beim ersten Gespräch großen Druck auszuüben.

Wenn die Vorstellung, intime Wünsche im Zusammenhang mit Demütigung und Bestrafung zu äußern, einen von euch beiden *sehr* nervös macht, kann er sie seinem Partner auch schriftlich mitteilen. Das Verfassen eines solchen kleinen Briefes ersetzt ein tiefgehendes Gespräch zwar nicht, kann es aber gut vorbereiten. Beim Schreiben gibt man den eigenen oft chaotischen Fantasien und Bedürfnissen ganz automatisch Struktur und lernt darüber hinaus, klar zu formulieren, was man gern erleben möchte und was auf keinen Fall in Frage kommt. Man kann es auch am nächsten Tag noch einmal gegenlesen und überarbeiten, bevor man es dem Partner zu lesen gibt. Auf diese Weise sinkt das Risiko, wesentliche Aspekte in der Hitze des Gesprächs zu vergessen. Dem Partner wiederum gibt das Lesen eines solchen Briefes die Chance, sich in aller Ruhe überlegen zu können, wie weit er sich auf die geäußerten Vorschläge einlassen möchte und welches Angebot er seinem Lover als Erwiderung machen kann.

Eine gute Möglichkeit, um Missverständnisse zu vermeiden, ist diese: Wiederhole mit eigenen Worten das, was dir dein Partner über seine Wünsche mitgeteilt hat beziehungsweise was davon bei dir angekommen ist. Gerade bei so heiklen Themen wie ungewöhnlichen sexuellen Wünschen drücken sich Menschen oft nicht besonders deutlich aus, weil sie starke Hemmungen haben. Da macht es Sinn, lieber auf Nummer sicher zu gehen.

Manchmal kann es sein, dass ihr bei einem Gespräch zu keiner Einigung gelangt, weil ihr viel zu unterschiedliche Vorstellungen habt. Das bedeutet aber nicht, dass das Gespräch deshalb schiefgegangen wäre. Vermutlich ist es sogar gelungen: Ihr habt euch damit nämlich ein Spiel erspart, das sich vermutlich für mindestens einen von euch beiden zu einem Riesenfiasko entwickelt hätte, weil er dabei nicht das bekommen hätte, was er wollte, sondern etwas ganz anderes. Und das kann noch unangenehmer sein als die Enttäuschung durch ein Gespräch, bei dem ihr entdeckt habt, dass ihr in diesem Bereich auf keinen gemeinsamen Nenner kommt.

Kann man auch während des Spiels noch seine Meinung ändern?

Wer noch wenig Erfahrung mit SM-Spielen hat, glaubt leicht, dass er sich an die vor einem Spiel festgelegten Regeln halten muss, weil er sonst die gesamte Atmosphäre zerstört und die Erregung seines Partners (vielleicht auch die eigene Erregung) ruiniert. Aber auch beim »normalen« Sex stellt man plötzlich fest, dass etwas doch nicht so toll ist wie gedacht – oder es fällt einem plötzlich etwas ein, was in dieser Situation die absolute Krönung wäre. Also bringt man es zur Sprache. Dasselbe kann genauso bei SM-Spielen passieren.

Der Unterschied besteht nur darin, dass man Angst hat, im wahrsten Sinne des Wortes »aus der Rolle zu fallen«, die man der wechselseitigen Geilheit zuliebe spielt. Und natürlich würde das passieren, wenn man zum Beispiel sagen würde: »Also weißt du, Uschi, dieses doofe Seil scheuert schon ziemlich arg da, wo ich's gerade gar nicht haben kann. Kriegst du das nicht ein bisschen besser hin?«

Der Trick, mit dem man dieses Problem umgeht, besteht darin, dass man in seiner Rolle bleibt. Das bedeutet zum einen, dass man als Unterwürfiger nicht wegen jeder Kleinigkeit herumzickt, die einem gerade nicht passt. Das zu tun wäre mutwillige Sabotage gegenüber demjenigen, der den »Herrn« spielt und für den es oft schwer genug ist, seine gewohnte Sozialisation zu überwinden, um seinem Partner Befehle zu geben, ihn zu tadeln und herabzusetzen. Zum anderen sollte man die Rückmeldungen, um die man nicht herumzukommen glaubt, innerhalb seiner Rolle äußern, also so, wie es ein echter unterwürfiger Diener gegenüber seinem Gebieter auch tun würde. Du könntest dann also zum Beispiel sagen »Es tut mir sehr leid, dass ich so wehleidig bin, Herr, aber was Ihr da macht, ist wirklich sehr unangenehm!« Bist du selbst in der dominanten Rolle und bekommst zu hören, dass deinem Partner eine Aktion zu viel wird, kannst du ihn für seine Empfindlichkeit mit strenger Stimme tadeln oder dich über ihn lustig machen (je nachdem worauf ihr beiden im Spiel mehr abfahrt), dich dann aber gnädig um seine Bedürfnisse kümmern. Wie so oft ist es auch hier einfach eine Sache der Erfahrung: Sobald ihr eine Zeitlang miteinander gespielt habt, merkt ihr immer besser, wie es dem anderen gerade geht und was er mit bestimmten Äußerungen mitteilen möchte.

Nicht zuletzt gibt es die Praktik des sogenannten »Safewords«, um steuernd in ein Spiel einzugreifen, ohne es plump abzubrechen. Ein paar Seiten später werde ich genau erklären, wie diese Technik funktioniert.

Was genau sollte man vor dem ersten SM-Spiel miteinander besprechen?

Bis jetzt habe ich erklärt, wie ihr am besten ein Gespräch vor dem Spiel führt, aber noch nicht, worum es dabei eigentlich gehen kann. Dabei gibt es hier einiges mehr, als du dir im ersten Moment vielleicht vorstellst.

Die offensichtliche Frage ist natürlich, welche Praktiken genau ihr ausprobieren möchtet und ob ihr eine gemeinsame Grundlage an Aktionen findet, die euch beiden Spaß machen. Eine Technik, mit der ihr das am geschicktesten austüftelt, werde ich dir ebenfalls noch etwas später vorstellen.

Mindestens genauso wichtig ist es, dass ihr einander mitteilt, was ihr nicht so gern hättet und was für euch sogar absolut tabu wäre. Das sind zwei unterschiedliche Dinge: Manche Praktiken verunsichern dich vielleicht oder machen dir ein bisschen Angst, aber wenn sie dir dein Partner lange genug schmackhaft macht, wärst du zumindest bereit, sie einmal auszuprobieren. Andere Dinge gehen für dich oder für deinen Partner überhaupt nicht. Das sind dann unverrückbare Grenzen, die ihr akzeptieren solltet.

Keiner von euch muss sich dafür rechtfertigen,

wenn er irgendetwas überhaupt nicht erleben möchte. Aber er hilft seinem Partner mit solchen Erklärungen, ihn und seine Abneigungen besser zu verstehen. Dein Partner kann dann zum Beispiel vorhersehen, dass du etwas anderes, das auf derselben Angst oder Abneigung beruht, vermutlich ebenso wenig magst – oder er kann mit dir einen Kompromiss finden, der seinen eigenen geilen Fantasien ziemlich nahekommt, ohne bei dir starke unangenehme Gefühle auszulösen.

Es geht bei alldem aber nicht nur um das Ja oder Nein zu bestimmten Praktiken – wie z. B.: »Alle Spiele, die mit Anpinkeln zu tun haben, finde ich widerlich« –, sondern auch um Begleiterscheinungen solcher Aktionen oder die Bedingungen, unter denen sie stattfinden. Beispielsweise wären folgende Einschränkungen möglich:

- Einen von euch macht die Vorstellung ziemlich scharf, sich vom anderen auspeitschen zu lassen, er möchte aber nicht, dass dabei Spuren auf seinem Körper zurückbleiben – vielleicht weil er in den nächsten Tagen gern mal im Schwimmbad unterwegs wäre, ohne dass ihn dort jeder andere Gast anglotzt. Dann könnte eine Lösung darin bestehen, dass ihr euch eine Peitsche besorgt, die keine solchen Spuren hinterlässt. Mit ein bisschen Googeln im Internet findet ihr heraus, dass eine Peitsche mit Riemen aus breitem Leder am besten dafür geeignet wäre.

- Für einen von euch ist Ausgepeitscht-Werden eine geile Fantasie, aber was ihn daran erregt, ist vor allem die Hilflosigkeit und die Demütigung. Vor Schmerzen hingegen hat er entweder Angst oder sie bringen ihn eher raus aus seiner erotischen Stimmung. Auch hier könnt ihr überlegen, wie ihr dieses Problem am besten angeht. (Im geschilderten Fall könnte eine Lösung darin bestehen, sich für eine sogenannte Showpeitsche zu entscheiden, die viel Lärm macht, aber nicht wirklich wehtut. Außerdem könnte man den Betreffenden Schritt für Schritt auch an unangenehmere Peitschen gewöhnen. Viele dieser Schlaginstrumente erzeugen keinen stärkeren Schmerz als eine kräftige Massage. Gegebenenfalls solltet ihr euch hier im Erotikhandel beraten lassen.)

- Vielleicht möchtet ihr auch klarstellen, dass ihr, obwohl ihr solche erotischen Spiele miteinander spielt, keine weitergehenden Intimkontakte miteinander eingehen mögt: also keinen regelrechten Sex und vielleicht auch keine Berührung eurer Geschlechtsorgane.

- Es kann auch sein, dass einer von euch besondere körperliche oder seelische Empfindlichkeiten oder Störungen hat, über die er den anderen lieber so früh wie möglich informieren möchte. In diesen Bereich kann alles Mögliche gehören von einer Neigung zur Platzangst und bestimmte Allergien bis hin zu einer Herzschwäche oder Epilepsie. Auch wenn einer von euch im Laufe seines Lebens schon mal eine traumatisierende Erfahrung gemacht hat, die in einer Stresssituation heftige Erinnerungen hervorrufen könnte, wäre es nett, den anderen vorzuwarnen.

- Es ist nicht verkehrt, wenn du deinem Partner mitteilst, dass du bisher wenig Erfahrung mit solchen Spielen hast. Dann kann er sich darauf einstellen, statt in die Vollen zu gehen – oder sich für eine Gangart zu entscheiden, die er noch für problemlos hält, die dich aber bereits überfordert.

Wie bringt man die eigenen Wünsche mit denen des Partners auf einen Nenner?

Einen zentralen Aspekt des Gesprächs vor dem Spiel habe ich bisher nur angerissen: Was genau wollt ihr eigentlich miteinander anstellen? Lassen sich deine eigenen Vorlieben mit denen deines Partners überhaupt für ein gemeinsames Spiel unter einen Hut bringen?

Um das herauszufinden, könnt ihr folgendermaßen vorgehen: Jeder von euch teilt dem anderen mit, was er selbst am liebsten erleben möchte, und dann findet ihr heraus, wie die Schnittmenge dieser Wünsche aussieht oder welche Wünsche sich gut miteinander vereinbaren lassen. Wenn ihr das mündlich macht, kann es dabei aber zu dem einen oder anderen Problem kommen: zum Beispiel, dass ihr gar keinen richtigen Überblick habt, welche Praktiken sich überhaupt anbieten. Oder dass einer von euch davor zurückscheut, bestimmte Wünsche auszusprechen, weil sie ihm ein bisschen peinlich sind. Oder dass ihr euch in einer endlosen Debatte über einzelne Aspekte verliert.

Um das alles ein bisschen einfacher zu machen, haben SM-Liebhaber sogenannte »Neigungsfragebögen« entwickelt, also Listen, die eine große Bandbreite von Möglichkeiten umfassen. Zahlreiche englischsprachige Neigungsfragebögen findet man unter dem Suchbegriff »BDSM Checklist« online.

Ich habe eine dieser Listen hier für dich und deinen Partner erstellt. Sie enthält meines Erachtens die Basics, Neulinge werden aber nicht durch eine ausufernde Zahl an Möglichkeiten überfordert oder abgeschreckt. Als extremes Gegenbeispiel findet man eine Liste, die volle 540 Vorlieben und Aktivitäten umfasst, zu denen man Ja oder Nein sagen kann, unter der Überschrift »If I Ever See Another Checklist I Will Scream« unter der URL *http://www.the-iron-gate.com/essays/61*

Wenn du mit meiner Liste etwas anfangen kannst, brauchst du sie nur noch zu kopieren, sodass jeder von euch ein Exemplar vor sich hat, und dann kreuzt ihr einfach an, welche dieser Praktiken ihr gern ausprobieren möchtet. Dann könnt ihr diejenigen umsetzen, die ihr beide markiert habt.

Ihr könnt auch eine Skala zwischen 1 und 5 für eure Antworten festlegen, die zum Beispiel so aussehen könnte:

1 – finde ich abstoßend, kommt eindeutig nicht infrage
2 – mir ist bis jetzt nicht klar, was daran erotisch reizvoll sein soll
3 – als Fantasie heiß, als Aktion fragwürdig
4 – unter den richtigen Umständen vorstellbar
5 – absolut scharf!

Auf der Grundlage dieser Skala könnt ihr dann miteinander verhandeln: Bist du bereit für eine Praktik, die dein Partner mit einer 5 bewertet hat, du aber nur mit einer 3 – oder umgekehrt?

BESTRAFUNGEN UND ANDERE SPIELE MIT SCHMERZEN

( ) Auspeitschen
( ) Hintern versohlen mit einem Instrument
( ) Hintern versohlen mit der Hand
( ) Ohrfeigen
( ) Schläge auf den Genitalbereich
( ) heißes Kerzenwachs auf die Haut träufeln
( ) die Haut mit Eiswürfeln stimulieren
( ) Brustquälen (z. B. durch Schläge oder das Anlegen von Klammern)
( ) Anlegen von Gewichten
( ) Trampling (der dominante Partner benutzt den devoten als Fußmatte)
( ) Spiele mit Nadeln
( ) Spiele mit Brennnesseln
( ) Spiele mit leichten elektrischen Schocks (z. B. mit einer Fliegenklatsche)

BONDAGE

( ) einfaches Fesseln mit Handschellen
( ) einfaches Fesseln mit Seilen
( ) Fesseln in körperlich anstrengenden Positionen
( ) Knebel
( ) Gesichtsmaske
( ) Käfighaltung

ROLLENSPIELE

( ) Rollenspiele zwischen Menschen mit verteilter Macht (z. B. Chef/Sekretärin, Herr/Zofe)
( ) Rollenspiele mit Altersunterschied (Lehrer/Schüler)
( ) Rollenspiele mit Verhör
( ) Rollenspiele zwischen Mensch und Tier
( ) Rollenspiele im Bereich Kliniksex (Arzt/Patient)
( ) Vergewaltigungs- und Entführungsspiele

KÖRPERFETISCHISMUS

( ) Analspiele
( ) Facesitting
( ) Fußerotik
( ) Spiele mit Urin

KLEIDUNGSFETISCHISMUS

( ) Lack
( ) Leder
( ) Latex
( ) Stiefel
( ) Stöckelschuhe
( ) Korsett
( ) Halsband mit oder ohne Leine
( ) Crossdressing (männlicher Partner in Frauenkleidung)

ANDERE SPIELE MIT MACHT & UNTERWERFUNG

( ) Ausführen einfacher Befehle
( ) Anweisung zu Sklavendiensten (z. B. Massagen oder Haushaltdienste, Nacktputzen etc.)
( ) Anweisung zu sexuellen Diensten (z. B. Leckdienste)
( ) 24/7-Versklavung (also kontinuierlich über einen langen Zeitraum)
( ) Demütigungen durch herabsetzende Namen und Bezeichnungen
( ) weitergehende verbale Demütigungen

( ) Bettelnlassen um Vergünstigungen oder Verschonung
( ) Atemkontrolle
( ) Sinnesentzug (z. B. durch verbundene Augen)
( ) Verbieten des Blickkontaktes
( ) Sprechverbot
( ) Benutzung des Partners als Möbelstück
( ) Teasing and Denial (bis an den Rand des Orgasmus bringen, dann Orgasmus verbieten)
( ) längerfristige Keuschhaltung
( ) Spiele in der (Halb-)Öffentlichkeit
( ) nacktes Vorführen vor Dritten
( ) Vorführen in obszöner Kleidung (Schlampen- oder Nutten-Look)
( ) Anfertigen erotischer Filme oder Fotos
( ) Anfertigen erniedrigender Filme oder Fotos
( ) Selbstbefriedigung unter Aufsicht oder nach Kommandos

Eure jeweiligen Grenzen und Tabus:

Wenn ihr euch nach dem Austausch eurer Listen darüber unterhaltet, ist es hilfreich, auf einige Dinge zu achten:

- Zunächst einmal sollte niemand abwerten, was sein Partner auf dieser Liste angekreuzt oder mit einer hohen Bewertung versehen hat. Ein Vorteil dieser Listen besteht darin, dass sie deutlich machen, wie subjektiv all diese Vorlieben sind. Wenn einer von euch zum Beispiel einen Wunsch seines Partners als »total pervers« ablehnt, braucht er sich nicht zu wundern, wenn sein Partner in Zukunft grundsätzlich weniger offen und vertrauensvoll ist, was seine sexuellen Bedürfnisse angeht. Aber natürlich ist es erlaubt, wenn nicht sogar sinnvoll, zu erklären, dass man selbst mit einer bestimmten Praktik große Probleme hat oder unangenehme Gefühle dabei verspürt.

- Genauso falsch wäre es, wenn einer von euch seinen Partner gegen dessen inneren Widerstand zu einer Praktik drängt, etwa indem er sich über ihn als »spießig« oder »verklemmt« lustig macht, wenn er nicht mitmachen will. Verführen oder freundliches Verhandeln dürfte auch eher zum gewünschten Ziel führen als jede Form von Herabsetzung.

- Genauso wenig solltest du dich durch Provokationen wie »Wenn du wirklich devot wärst, würde dir das Spaß machen« oder »Tja, als Unterwürfiger musst du schon ein bisschen aushalten« zu Dingen drängen lassen, die dir nicht behagen. Gerade als Anfänger ist es sinnvoller, seinen Stolz zu beherrschen und sich nicht zu übernehmen. Eine Erfahrung zu machen, die dich überfordert, könnte dir nämlich den Spaß am Spielen für lange Zeit verleiden. Insofern kannst du solche Äußerungen, vor allem wenn sie nachdrücklich vorgebracht werden, fast schon als Alarmsignal dafür werten, dass dein Partner auch in anderer Hinsicht bereit ist, seiner eigenen Befriedigung zuliebe deine persönlichen Grenzen zu übertreten. Falls du selbst in der dominanten Rolle bist, solltest du auf derartige Sprücheklopferei verzichten.

Mithilfe der Kreuze, die ihr gesetzt habt, könnt ihr jetzt verschiedene Elemente in einem Spiel zusammenzuführen. Angenommen, einer von euch steht beispielsweise auf Züchtigungen, während der andere seinen Lover vor allem gern bedienen würde: Könnt ihr euch ein Spiel vorstellen, bei dem der eine von euch den anderen bedient und für jeden »Fehler« körperlich bestraft wird?

Wichtig ist nicht zuletzt, dass die Kreuze, die ihr neben die verschiedenen Praktiken setzt, nur eure Haltung in diesem Moment ausdrücken. Insbesondere wenn ihr noch keine oder nur wenig Erfahrung mit solchen Spielen gesammelt habt, könnt ihr nur begrenzt beurteilen, welche davon euch Spaß machen werden und welche nicht. Es kann gut sein, dass einen von euch eine Praktik, die er in seinem Kopfkino immer scharf fand, bei ihrer Umsetzung in die Realität enttäuscht – oder umgekehrt, dass sich etwas, was einer von euch als zweifelhaft empfand, für ihn dann als gar nicht so übel herausstellt. Ihr solltet also die ersten Bewertungen eures Partners nicht für immer im Hinterkopf behalten, als ob es eine unveränderliche Einstellung wäre. Stattdessen könnte es eine reizvolle Erfahrung sein, den Neigungsbogen mit euren ersten Antworten zunächst einmal wegzulegen und ein paar Wochen oder Monate später erneut einen solchen Bogen auszufüllen, um danach zu schauen, was sich in der Zwischenzeit bei euren Vorlieben verändert hat. Vielleicht erfahrt ihr dabei einiges über eure sexuelle Reaktion und darüber, was ihr im Verlauf eurer Spiele gelernt habt.

Wie reagiere ich am besten, wenn mir ein SM-Spiel plötzlich zu heftig wird?

Ich habe jetzt schon zweimal den Begriff »Safeword« benutzt und nur kurz erläutert, dass man damit auf die Bremse treten kann, sobald einem eine Aktion allzu unangenehm wird – also nicht mehr im erotischen Sinne unangenehm, sondern so, dass es wirklich keinen Spaß mehr macht. Wie genau funktioniert ein solches Safeword eigentlich?

Sein Zweck besteht zunächst einmal darin, seinem Partner während eines Rollenspiels unmissverständlich zu zeigen, dass gerade etwas schiefläuft oder man aus irgendwelchen anderen Gründen das Spiel abbrechen (oder zumindest abbremsen) möchte. Insofern wird es vor allem vom unterwürfigen Partner benutzt – der dominante hat ja ohnehin die Kontrolle. Vielleicht fragst du dich jetzt: »Warum sagt das der unterwürfige Partner nicht einfach ohne irgendwelchen speziellen Codewörter?« Nun, das liegt daran, dass viele Menschen während eines solchen Rollenspiels ganz gern »Nein!«, »Bitte nicht!« oder »Lass das!« ausrufen, das aber nicht im Geringsten ernst meinen. Stattdessen gehört dieses Flehen um Gnade zum Spiel dazu, und wenn es plötzlich ernst genommen würde, wäre der winselnde Partner in Wirklichkeit sehr enttäuscht. Ein Safeword hingegen soll ein klares Signal darstellen: »Stopp, diesmal meine ich es ernst!«

Auch hier könnte man natürlich einwenden: Dann würde »Stopp, ich meine es ernst!« statt irgendwelcher Codewörter doch vollkommen ausreichen? Viele SM-Liebhaber sehen das ähnlich und verzichten deshalb auf solche Safewords. Sie argumentieren: Wenn man bereit ist, sich von einem anderen Menschen fesseln und schlagen zu lassen, dann sollte man mit diesem Menschen auf der Gefühlsebene eine so starke Verbindung haben, dass er auch an anderen Signalen wie Körpersprache und Mimik merkt, wie es einem inzwischen geht. Ständig an ein Safeword als Notbremse denken zu müssen, macht es vielen auch schwer, sich komplett in die erotische Unterwerfung fallen zu lassen.

Allerdings ist dieses Gespür für den Partner nicht immer von Anfang an gegeben. Gerade für dich als

Neuling kann es sinnvoll sein, zumindest ein wenig mit Safewords zu experimentieren. Wenn dein Partner und du noch gar nicht so richtig wisst, wo die Grenzen beim anderen liegen und wie er aussieht, wenn er sich einer solchen Grenze nähert, können Safewords eine gute Hilfe darstellen. Darauf verzichten könnt ihr ja immer noch, sobald ihr merkt, dass ihr sie nicht mehr braucht.

Wie geht ihr nun konkret vor? Zunächst solltest du ein passendes Safeword auswählen. Schlecht geeignet sind offenkundig Wörter, die du leicht in einem SM-Rollenspiel ausrufen könntest, ohne dass du daran denkst, dass es sich dabei um ein Safeword handelt (also etwa »Aufhören!«). Gleichzeitig solltest du dir ein solches Wort gut merken und auch in einer Situation problemlos aussprechen können, die für dich mit großem Stress verbunden ist. Bandwurmwörter wie »Sozialversicherungsbeitragseinzugstelle« sind also eher nicht so gut geeignet. Praktischer sind Wörter wie meinetwegen »Erdbeermarmelade« oder »Currywurst« – irgendein Wort eben, das schon dadurch Aufmerksamkeit erweckt, dass es nicht zu eurer Szene passt. Allerdings gibt es auch SMer, die genau diesen Stilbruch wenig elegant finden und daher zu einem Wort wie »Gnade!« neigen: Es passt zum Rollenspiel, gehört aber heute nicht mehr zum alltäglichen Sprachgebrauch. Ein typisches weltweit verwendetes Safeword ist »Mayday!«. Auch das plötzliche Ansprechen des Partners mit seinem Namen statt wie bisher mit »Herrin« oder »Meister« ist dazu geeignet, ein Rollenspiel zu unterbrechen.

Du kannst Safewords aber auch nicht nur dazu einsetzen, um ein Spiel abrupt abzubrechen, weil es dir plötzlich zu viel wird. Stattdessen hast du die Möglichkeit, verschiedene Wörter zu verwenden, um deinem Partner eine bessere Rückmeldung und Orientierungshilfe zu geben, wie es dir gerade geht. Das kannst du guttun, indem du auf die Farben einer Verkehrsampel zurückgreifst. Wenn du »Rot!« sagst, würdest du damit also signalisieren, dass euer Spiel sofort beendet werden sollte. »Gelb« hieße: »Vorsicht, ich nähere mich meinen Grenzen« und »Grün« würde bedeuten: »Mach dir keine Sorgen, es ist alles in Ordnung.« Nur wenn du solche Wörter ständig benutzt, um deinen Partner damit zu steuern wie ein Sexspielzeug, reagiert er darauf womöglich ungehalten.

Wenn du bei euren SM-Spielen in der dominanten Rolle bist, brauchst du nicht unbedingt darauf zu warten, bis sich dein Partner von selbst meldet. In manchen Fällen kommt es sogar vor, dass unterwürfige Partner so sehr in einer Szene aufgehen, dass sie die Möglichkeit, ihr Safeword zu benutzen, komplett vergessen. Daher ist es manchmal sinnvoll nachzufragen: »Weißt du dein Safeword noch?« Du solltest jedenfalls nicht den Eindruck haben, dass du mit deinem Partner alles tun kannst, was du möchtest, nur weil du von ihm kein Safeword hörst.

Auch die sichtbare körperliche Erregung deines Partners beweist keineswegs unbedingt, dass es ihm noch gut geht. Selbst bei Opfern echter sexueller Gewalt reagiert der Körper häufig mit einer feuchten Scheide oder einer Erektion.

Falls ihr ein Safeword vereinbart habt, dann solltet ihr euch aber auch darauf verlassen können, dass es benutzt wird. Es kann kritisch sein, wenn es dem unterworfenen Partner eigentlich zu viel wird, er sich aber keine Blöße geben will und sich sagt: »Ach, das halte ich schon durch!« Stellt er dann nämlich fest, dass er körperlich oder seelisch überbeansprucht wurde, kann leicht eine Situation entstehen, bei der sich die Partner gegenseitig Vorwürfe machen. Der unterworfene Partner beschuldigt den dominanten, zu weit gegangen zu sein, und der gibt zurück, dass der andere seine Probleme nicht klar kommuniziert hätte.

Wie kann ich ein Spiel abbrechen, wenn ich gefesselt und geknebelt bin?

Natürlich haben sich SM-Liebhaber im Laufe der Jahre auch mit dem Problem beschäftigt, das in diesem Zusammenhang ein Knebel darstellt, und an Techniken geknobelt, auch dieses Hindernis zu überwinden. Dabei kommt es vor allem auf den verwendeten Knebel an. Einige Knebel – zum Beispiel Ringknebel, die den Mund offen halten – erlauben es einem Menschen, sich einigermaßen verständlich zu machen. Ein vokalreiches Wort wie »Marmelade« würde unter diesen Umständen immer noch funktionieren. Falls ihr euch für einen Knebel entscheidet, der einem von euch komplett den Mund stopft, könnt ihr einfach ein Signal vereinbaren, das ohne Worte funktioniert. Das kann ein Klopfzeichen sein, ein wiederholtes starkes Zukneifen der Augen oder ein rhythmisches Aufstampfen. Auch ein mehrfach wiederholtes SOS-Signal im Dreier-Rhythmus wie »Um, um, um! ... Um, um, um! ... Um, um, um!« sollte deutlich genug sein.

Manche SMer entscheiden sich auch für ein wortloses Signal, obwohl sie keinen Knebel benutzen – einfach weil sie befürchten, dass das Verwenden von Codewörtern die Stimmung zerstören könnte. Stattdessen hält hier der dominante Partner dem unterwürfigen seine Peitsche oder die Hand zum Kuss hin. Bleibt dieser Kuss aus, kann das ein Anzeichen dafür sein, dass der Betreffende schon etwas weggetreten ist oder dass irgendeine andere Störung vorliegt, sodass man das Spiel vielleicht besser sanft beenden sollte. Manche Dominante legen auch ihre Hand auf die Schulter ihres Partners und üben leichten Druck aus, um zu sehen, ob sie Gegendruck erhalten – als Zeichen dafür, dass alles in Ordnung ist.

Wie kann ich mich absichern, wenn ich mit jemandem spiele, dem ich nicht hundertprozentig vertraue?

Hier liegt zunächst einmal eine Gegenfrage nahe: Sich mit jemandem auf SM-Spiele einlassen, dem man nicht vollständig vertraut – warum sollte man so etwas tun? Schließlich lieferst du dich einem solchen Menschen vollständig aus, und selbst wenn die betreffende Person nicht gezielt echte sexuelle Gewalt gegen dich anwenden würde, reicht es für emotionale und körperliche Verletzungen vollkommen aus, wenn sie lediglich fahrlässig ist und deine persönlichen

Grenzen überschreitet. Für viele SMer besteht der Kick dieser sexuellen Spielart schließlich darin, sich einem anderen Menschen komplett hinzugeben, gerade weil sie ihm ihr absolutes Vertrauen schenken.

Aber zugegeben: Es kann immer wieder zu Situationen kommen, wo man sich auf jemanden einlässt, bei dem das noch nicht der Fall ist. Etwa weil dieser Mensch erotisch ausgesprochen anziehend ist. Oder weil man solche Spiele nur allzu gern endlich ausprobieren möchte, aber der einzige, der als Partner dafür infrage kommt, jemand ist, den man noch nicht besonders gut kennt. Sexuelles Begehren bringt manche immer wieder dazu, sich auch in Situationen zu begeben, die nicht vollkommen risikofrei sind. Dann stellt sich die Frage, wie man dieses Risiko wenigstens so weit wie möglich senken kann.

Um das zu tun, kann man sich »covern« lassen, wie es in der Sprache der SM-Szene heißt. Dabei gibt der unterwürfige Partner, bevor das geplante Spiel stattfindet, einem Menschen, dem er wirklich vertraut, vorher Bescheid, teilt ihm mit, wo dieses Spiel stattfinden soll und vereinbart einen Zeitpunkt, zu dem er sich spätestens wieder mit der Nachricht melden wird, dass alles in Ordnung ist. Falls diese Entwarnung ausbleibt, ist das für die

Vertrauensperson ein Alarmsignal. Sie muss sich jetzt entscheiden, ob sie erst einmal selbst telefonisch nachfragen möchte, was los ist, oder augenblicklich die Polizei verständigt.

Darüber, welches Verhalten sinnvoller ist, gibt es in der SM-Szene seit vielen Jahren Diskussionen. Die einen argumentieren, dass man ja während eines SM-Spiels vor Aufregung Raum und Zeit und die Außenwelt vollkommen vergisst und deshalb nicht mehr an den vereinbarten Anruf denkt. Wenn dann plötzlich die Polizei vor der Wohnungstür erscheine, sei das doch eine unangenehme Erfahrung, die ein klärender Kontaktversuch hätte verhindern können. Andere warnen nachdrücklich davor, so zu denken, und argumentieren: Wenn hier tatsächlich ein Sexualverbrecher (oder eine Verbrecherin) aktiv ist, wird diese Person durch einen Anruf lediglich in Panik versetzt. Für Polizeibeamte hingegen gehört es zu ihrem Job, in einer unklaren Situation nachzuschauen, ob tatsächlich alles in Ordnung ist. Es ist nicht viel anders, als wenn man wegen einer unklaren körperlichen Beschwerde zum Arzt geht, damit der mal einen Blick darauf wirft: Etliche Male Fehlalarm ist immer noch besser als ein kritisches Problem nicht ernst genommen zu haben.

Erfreulicherweise sieht allerdings der Normalfall so aus, dass ein entsprechendes Eingreifen nicht nötig ist. Dann kommt vor allem ein angenehmer Nebeneffekt des Coverns zum Tragen: Du hast das Gefühl der Sicherheit, obwohl du dich einem anderen Menschen auslieferst, und kannst dich ganz deinen Unterwerfungsgefühlen überlassen, statt die ganze Zeit denken zu müssen: »Hoffentlich passiert mir nichts.«

Solltest du der Person, mit der du dich triffst, mitteilen, dass du dich covern lässt oder wäre es grob unhöflich, so deutlich zu zeigen, dass du ihr nicht vollständig vertraust? Doch, du solltest es erwähnen, gern auch mit dem Hinweis, dass dein aktueller Schutzengel überaus besorgt ist und du fest davon ausgehst, dass er sofort aktiv wird, wenn dein Anruf ausbleibt. Denn schließlich hast du ja einen Grund für dein mangelndes Vertrauen: Du kennst die Person, mit der du dich auf SM-Spiele einlässt, noch nicht so gut. Insofern sollte die betreffende Person für dein Verhalten besser Verständnis haben – wobei du ihr einen Moment der Verblüffung gönnen solltest: Gerade wenn man absolut harmlos ist, kommt man ja gar nicht auf den Gedanken, dass jemand anderes einen für eine potenzielle Gefahr halten könnte. Aber wenn dein Spielpartner die von dir getroffenen Maßnahmen, dich zu schützen, für empörend oder beleidigend hält, zeugt das nicht gerade von emotionaler Reife, Einfühlungsvermögen und Verantwortungsbewusstsein dir gegenüber. Für jemanden, der über diese Eigenschaften verfügt, sollte nämlich nachvollziehbar sein, dass jemand alles Notwendige tut, um sich zu schützen, bevor er sich jemandem ausliefert, den er noch nicht hundertprozentig einschätzen kann. Fehlt dieser Respekt vor deiner Entscheidung, dann könnte das darauf hinweisen, dass dieser Person auch in anderer Hinsicht der Respekt vor deinen Entscheidungen und Grenzen fehlt.

Abschließend zu diesem Thema möchte ich auf etwas hinweisen, das mir Chris von der Hilfsorganisation Mayday (*maydaysm.de*) in einem Interview mitteilte: »Bei normalen Sicherheitsmechanismen (Covern, Safeword etc.) denken viele automatisch an Frauen als Zielgruppe. Unabhängig davon, ob Covern oder Safewords nun sinnvoll sind oder nicht: Alle Sicherheitsmechanismen gelten für Frauen und Männer gleichermaßen. Wer als Mann überzeugt ist, die Sache schon im Griff zu haben, ist schlicht blauäugig. Das gilt außerhalb von SM genauso. Vergewaltigte Männer, egal ob sie von Männern oder von Frauen vergewaltigt wurden, haben es noch schwerer als Frauen (auch wenn eine Steigerung von schwer in dem Zusammenhang sehr makaber ist). Sie werden noch weniger ernst genommen, es gibt keine Hilfsangebote, keine Ansprechpartner und oft genug glaubt man ihnen auch einfach nicht. Selbstzweifel, Impotenz und Depression als Folge sind da die Regel, Selbstmord häufig. Die Dunkelziffer ist riesig; ich kenne fast keine gemeldeten Fälle. In meinem persönlichen Bekanntenkreis finden sich aber bereits mehrere Betroffene.«

Welche Alarmsignale gibt es dafür, dass jemand als Partner nicht vertrauenswürdig ist?

Wenn jemand, mit dem du dich auf SM-Spiele einlassen möchtest, wütend wird, sobald du ihm erzählst, dass du dich auf die beschriebene Weise covern lässt, ist das sicherlich ein klares Alarmsignal. Bedenklich sind auch Verhaltensweisen, die grundsätzlich darauf hinweisen, dass ein solcher Mensch kein guter Partner sein dürfte. Wenn er zum Beispiel deine Wünsche, Gefühle und Bedürfnisse nicht akzeptiert, dich außerhalb eures vereinbarten Spiels einschüchtert oder dich ohne dein Einverständnis vor anderen herunterputzt, dann ist er vermutlich nicht gut für dich. Solche Verhaltensweisen deuten auf einen hohen narzisstischen Persönlichkeitsanteil hin und sehr häufig müssen die Partner solcher Menschen darunter leiden. Manche Narzissten versuchen, ihre zerstörerische Persönlichkeit zu verbergen, indem sie sie als »natürliche Dominanz« ausgeben und behaupten, in der unterwürfigen Position müsstest du dieses Verhalten akzeptieren, wenn nicht sogar bewundern. Aber tatsächlich gelten hier dieselben Regeln wie bei allen anderen Beziehungen.

Weitere Alarmsignale ergeben sich aus all dem, was dieser Ratgeber dir bereits erklärt hat. Du solltest also zum Beispiel vorsichtig sein, wenn ...

- jemand deine Safewords ignoriert,
- deine Grenzen und Tabus nicht beachtet,
- dich immer wieder zu Dingen nötigt, die du wirklich nicht tun möchtest,
- ohne dein Einverständnis mit dir intim wird,
- komplette Unterwerfung von dir verlangt, obwohl ihr euch kaum kennt,
- sich nicht außerhalb seiner Rolle mit dir unterhalten kann, insbesondere niemals »Danke« oder »Entschuldige bitte« sagen kann,

- dich kontinuierlich an manchen Tagen liebevoll und an anderen ruppig behandelt,
- immer anderen die Schuld gibt, wenn etwas misslingt,
- dir Schuldgefühle einreden will, weil du nicht unterwürfig genug wärst,
- keinen befreundeten SMer kennt, mit dem du dich unterhalten kannst.

Wenn du die »Shades of Grey«-Romane gelesen hast, wirst du feststellen, dass viele dieser Eigenschaften auf ihre männliche Hauptfigur zutreffen. Unter anderem deshalb werden diese Romane von vielen SMern gehasst.

Vielleicht hast du gemerkt, dass hier nur von Alarmsignalen beim dominanten Partner die Rede war. Das liegt einfach daran, dass Menschen, die fesseln und schlagen, in der Regel gefährlicher sind als Menschen, die gefesselt und geschlagen werden. Alarmsignale bei unterwürfigen Menschen gibt es aber auch, wenn auch nicht so viele. Sie sind auch eher in anderer Weise bedenklich. Wenn sich jemand beispielsweise als »tabuloser Sklave« präsentiert, weist das darauf hin, dass sich bei ihm Großspurigkeit und mangelnde Erfahrung auf fatale

Weise verbinden könnten: Kein gesunder Mensch ist wirklich komplett »tabulos« und bereit, alles Erdenkliche zu ertragen. Erleidet ein Partner tatsächlich ohne Widerstand alles Erdenkliche oder zeigt sogar eine Neigung zu selbstverletzendem Verhalten, wäre das ein Anzeichen dafür, dass sein Masochismus über das Rollenspiel hinausgeht und über kurz oder lang seinen Alltag und eure Beziehung beeinträchtigen dürfte. Wichtig ist, dass SM-Rollenspiele beiden Partnern Spaß machen; sie sind trotz all ihrer Vorzüge kein Ersatz für eine Psychotherapie.

Was sind die Vorteile eines »Sklavenvertrags«?

Man kann sich darüber streiten, ob es sinnvoll ist, in einem Ratgeber für SM-Anfänger dieses Thema anzuschneiden. Denn dadurch könnte der Eindruck entstehen, solche Verträge wären in SM-Beziehungen automatisch gang und gäbe. Tatsächlich kommen aber vermutlich die meisten Partnerschaften dieser Art ohne ein solches formelles Schriftstück aus. Andererseits ist die Existenz solcher Verträge auch außerhalb der SM-Szene so bekannt, dass du wenigstens wissen solltest, worum genau es sich dabei handelt.

Grundsätzlich ist ein Sklavenvertrag vor allem ein weiteres Mittel, um die Unterwerfung eines Partners unter den anderen echter wirken zu lassen und damit die erotische Spannung zu steigern. Dass tatsächliche Sklaverei in unserer Gesellschaft nicht mehr existiert und ein solches Dokument deshalb in juristischem Sinne wirkungslos wäre, schadet seiner psychologischen Wirkung nur begrenzt: Ein solcher Vertrag ist vor allem ein schriftlich festgelegtes Bekenntnis, eine Absichtserklärung, dass sich ein Partner dem anderen wirklich unterwerfen möchte und bereit ist, jene Dinge zu ertragen, die in diesem Vertrag aufgeführt und geregelt sind. Der »Herr« kann seinen »Sklaven« also auf dieses Schriftstück hinweisen, wenn es ihm nötig erscheint, um seine Macht zu demonstrieren. Solange das funktioniert, kann diese Praktik stark zum erotischen Kitzel einer Unterwerfungsbeziehung beitragen.

Der psychologische Faktor ist allerdings nur *ein* Nutzen einer solchen Übereinkunft. Der zweite wesentliche Vorteil besteht in der Möglichkeit beider Partner, festzulegen, was konkret sie eigentlich von so einer Beziehung erwarten. Und wenn es später Konflikte geben sollte, könnt ihr nachschauen, wie ihr diese Dinge zu dem Zeitpunkt gesehen habt, als ihr diesen Vertrag erstellt habt.

Das alles bedeutet nicht, dass ihr euch unbedingt auf ewig an diesen Vertrag gebunden fühlen müsst, nur weil euer Vorhaben jetzt auf einem Stück Papier steht. Jedem von euch ist erlaubt, seine Meinung auch wieder zu ändern. Oft ist es ja auch so, dass ihr erst in so einer Vereinbarung festlegt, wie eure Partnerschaft aussehen soll, und erst danach Gelegenheit habt, Erfahrungen damit zu machen, wie es euch geht, wenn ihr all diese Bedingungen erfüllt. Wenn es dann einem von euch schlechter damit geht als erwartet, sollte er nicht den Eindruck haben, wegen dieses Schriftstücks trotzdem weitermachen zu müssen. Dasselbe gilt, wenn sich eure Gefühle füreinander verändern, zum Beispiel einer von euch weniger Vertrauen in seinen Partner hat als bisher.

Falls also bei einem von euch die Bedenken zu groß werden, spricht überhaupt nichts dagegen, einen solchen Vertrag neu auszuhandeln – oder sogar zu erklären, dass man ihn nicht mehr akzeptiert. Das sollte nicht leichtfertig geschehen, weil man sich die Mühe eines solchen Vertrages sonst gleich sparen könnte und es auch den Eindruck erweckt, als nähme man die gesamte Beziehung nicht ernst. Aber eine Möglichkeit ist es jederzeit.

Was kann beispielsweise in so einem »Sklavenvertrag« stehen?

Ihr könnt in einen solchen Vertrag zwar schreiben, was immer ihr möchtet, aber vielleicht sind ein paar Anregungen hilfreich. Typische Inhalte eines solchen Vertrages sind:

- die Rechte, Pflichten und Grenzen beider Partner. Hier könnt ihr festhalten, was der unterwürfige Partner tun muss, um den anderen zu verwöhnen, unter welchen Bedingungen er zu leben hat, was er erleiden muss und so weiter. Ihr könnt aber auch festhalten, was einer vom anderen auf keinen Fall verlangen darf oder wozu der dominante Partner verpflichtet ist – beispielsweise immer für das Wohlergehen des anderen zu sorgen, vom gelegentlichen Auspeitschen zu erzieherischen Zwecken einmal abgesehen

- die Dauer der Gültigkeit, also etwa probehalber für die nächste Woche oder für ein ganzes Jahr

- in welchen Situationen Gehorsamspflicht besteht und wann nicht (wie sieht es zum Beispiel aus, wenn nichtsahnende oder aber eingeweihte Dritte zu Gast sind?)

- ob die beiden Partner auch Beziehungen zu Dritten eingehen dürfen

- zu welchen Strafen ein Vertragsbruch führt. Hier könnt ihr auch Sonderregeln festhalten wie zum Beispiel Strafpunkte nach einem Fehlverhalten und was geschieht, wenn eine bestimmte Zahl dieser Punkte erreicht ist

Wie bereite ich ein SM-Spiel am besten vor?

Unabhängig davon, was genau du mit deinem Partner vorhast – oder dein Partner mit dir – gibt es bestimmte Dinge, die dir grundsätzlich dabei helfen, ein SM-Spiel gelingen zu lassen. Eine gründliche Vorbereitung trägt entscheidend dazu bei.

Dabei ist der erste Schritt eine durchdachte Terminplanung. Ihr solltet euch für ein solches Spiel nämlich ausreichend Zeit nehmen – und das ist fast immer mehr, als ihr zunächst glaubt. Eine halbe

Stunde werdet ihr vermutlich schon dafür benötigen, emotional »anzukommen«, den Alltag hinter euch zu lassen und euch in einem Vorgespräch auf das vorzubereiten, was auf euch zukommt. Das gilt insbesondere, wenn ihr als Anfänger entsprechend unerfahren und nervös seid. Diese Zeit braucht der dominante Partner von euch beiden auch, um zu überlegen, was genau er in welcher Reihenfolge mit seinem Lover anstellen wird. Je nachdem, wie aufwendig ihr dieses Spiel plant, könnt ihr für die Aktion selbst dann ein bis zwei Stunden veranschlagen. Direkt nach dem Spiel werdet ihr auch nicht unvermittelt wieder in euren Alltag zurückkehren wollen, sondern auch hier mindestens eine halbe Stunde brauchen, um euch miteinander zu unterhalten und emotional wieder vollständig ins Gleichgewicht zu kommen. Sich beispielsweise sofort hinter das Steuer zu setzen, während man mit seinen Gedanken und Gefühlen noch ganz woanders schwebt, ist oft keine gute Idee.

Dieser Zeitraum reduziert sich etwas, wenn ihr mehr Erfahrung miteinander und mit solchen Praktiken habt, aber nicht sehr. Sicher, eine professionelle Berufs-Domina kann einen Gast auch in einer Stunde oder darunter bespaßen, aber das geht dann auf Kosten von Vor- und Nachgespräch (wenn es überhaupt stattfindet) und man hat den Eindruck, das Spiel habe gerade erst angefangen, wenn es schon wieder aufhört. Intensiver wird ein Spiel, wenn man durch die einzelnen Stationen nicht durchhastet, sondern sich die Zeit nehmen kann, Spannung aufzubauen, den eigenen Empfindungen und Reaktionen nachzuspüren und so weiter.

Daraus wird deutlich, dass sich ein solches Spiel schlecht in einem lebhaften Tagesablauf »dazwischenschieben« lässt und es besonders ungünstig ist, wenn man danach einen festen Termin hat oder Verwandte oder Freunde zu Besuch erwartet. Selbst wenn diese Gäste sich an die vereinbarten Zeiten halten, rechnet man doch insgeheim immer damit, dass sie auch früher eintrudeln könnten, und versucht, immer irgendwie die Uhr im Auge zu behalten. Das allerdings macht es einem unmöglich, wirklich tief in ein erotisches Rollenspiel und dessen eigene Welt einzutauchen. Sinnvoller ist es, Uhren ganz wegzuräumen oder den Blick darauf zu verstellen. Ein SM-Spiel stellt nun mal völlig andere Anforderungen als der schnelle Fick zwischendurch.

Um in dieser eigenen Welt versunken bleiben zu können, ist es auch sinnvoll, jegliche Störungen von außen so gut wie möglich zu vermeiden. Dazu könnt ihr euer Telefon abstellen, damit euch sein plötzliches Klingeln nicht aus euren erotischen Träumen reißt. Auch die Türklingel hängt ihr vielleicht besser aus. Und gibt es Menschen, die einen Schlüssel zu eurer Wohnung haben und die Angewohnheit, diesen Schlüssel auch zu benutzen? Dann sollte besser euer eigener Schlüssel von innen stecken.

Wenn all diese Vorkehrungen bei euch aus irgendwelchen Gründen nicht praktisch durchführbar sind – beispielsweise weil ihr Kinder habt, die ihr nicht aussperren wollt, zumal ihr ihnen dann den Grund dafür erklären müsstet –, kann es sinnvoll sein, dass ihr euch für solche Spiele eigens ein Hotelzimmer mietet. Das ist zwar kostspielig, bringt aber den Vorteil, dass ihr erstens garantiert ungestört seid und dieses Zimmer zweitens tatsächlich eine eigene fremde Welt darstellt, die getrennt von eurem Alltag existiert und wo ihr euch deshalb noch viel besser ebenso ungewöhnlichen Lustbarkeiten hingeben könnt. Vielleicht fühlt ihr euch durch so ein Arrangement besonders verwegen und herrlich dekadent.

Wo immer euer Spiel auch stattfindet: Dieser Ort sollte sauber und ordentlich sein. Staub, Schmutz und ungesaugte Teppiche stören den Aufbau einer erotischen Atmosphäre. Das gilt umso mehr, wenn einer von euch zumindest für einen Teil des Spieles in Bodennähe gehalten wird, er also auf allen vieren vor dem anderen herumkriechen muss. Natürlich kann man das Spiel auch gezielt an einem verdreckten Schauplatz stattfinden lassen, um den anderen dadurch noch mehr zu demütigen und ihn vielleicht auf die Stufe eines schmutzigen Tieres zu reduzieren. Das wäre dann aber eine ganz eigene Inszenierung.

Auf jeden Fall solltet ihr daran denken, rechtzeitig alles an Utensilien zurechtzulegen, was ihr für dieses Spiel braucht. Das bedeutet, dass ihr euch vorher genau vor Augen führen müsst, was ihr alles benötigen werdet. Wenn der strenge Herr und Meister mitten im Spiel erst mal hektisch suchend durch die halbe Wohnung rasen muss, um das Paar Handschellen zu finden, das die Fesselung des Sklaven vollendet, wirkt er nicht mehr besonders dominant und die mühsam aufgebaute Stimmung leidet erheblich.

Sollte der Sklave nicht gefesselt sein und sich in der Wohnung auskennen, kann man natürlich auch ihn beauftragen, den benötigten Gegenstand herbeizubringen: aber hopphopp und binnen innerhalb zwei Minuten – und für jede zehn Sekunden, die es länger dauert, gibt es einen Peitschenschlag mehr. Mit dieser Methode hätte man aus der Not eine Tugend und das erwünschte Machtgefälle deutlich gemacht.

Möglicherweise fällt dir beim Nachdenken darüber, was du alles zur Hand haben solltest, auf, dass du gar nicht alles Nötige besitzt. Zwar ist hier der Erotikhandel inzwischen sehr hilfreich – und ein gemeinsamer Besuch eines Sex-Shops mit dem Partner kann unterhaltsam sein, wenn man ihm in der Nähe des Verkäufers oder der Verkäuferin ausmalt, was man seinen »Sklaven« mit den verschiedensten angebotenen Produkten alles erleiden lassen könnte. Aber viele dieser Sex-Toys sind auch nicht gerade preisgünstig. Hier ist es gut zu wissen, dass du für solche Spiele problemlos auch diverse Haushaltsgegenstände benutzen kannst. Wäscheklammern beispielsweise lassen sich gut an Brustnippel legen, mit Klarsichtfolie kann man seinen Partner bis zur Unbeweglichkeit einwickeln und um ihm den Hintern zu versohlen, reicht ein Kochlöffel oder eine Haarbürste vollkommen aus. Geh einfach mit dem entsprechenden Blick durch deine Wohnung und du wirst schon auf die richtigen Einfälle kommen. Sieht diese elektrische Fliegenpatsche dort zum Beispiel nicht so aus, als ob sie als Strafinstrument gemacht worden wäre?

Etwas anderes, das rechtzeitig zurechtgelegt werden sollte – was aber oft vergessen wird, weil es nicht direkt mit SM-Spielen in Verbindung gebracht wird –, sind kleine Snacks zum Verspeisen. Viele SM-Spiele sind nämlich emotional so fordernd, dass man dabei nicht nur Appetit auf Nervenfutter bekommt, sondern mitunter regelrechten Heißhunger. Ein solcher Hunger wird eben nicht nur durch körperliche, sondern auch durch seelische Beanspruchung ausgelöst. Das macht ihn zu einem weiteren potenziellen Störfaktor, dem du dadurch vorbeugen kannst, dass du für dich und deinen Partner ausreichend von jenen Naschereien griffbereit hinstellst, die ihr am liebsten mögt. Auch mit Trinkbarem, das keinen Alkohol enthält, solltet ihr besser ausreichend versorgt sein. Vielleicht vereinbart ihr miteinander, dass während des Spiels an sich nur der »Herr« spachteln darf, wobei sein Diener entweder vernachlässigt zuschauen oder seinen Partner sogar verwöhnen muss. Während einer Atempause oder direkt nach dem Spiel sollte dann aber auch der unterwürfige Partner mithilfe von Nahrungsmitteln seine Energien wiederherstellen dürfen – solange er es nicht übertreibt, denn ein pappsatter und dadurch träger Sklave ist ja auch nicht das, was man sich wünscht.

Euer privater Spielplatz ist sauber, von der Außenwelt gegen Störungen abgeschottet und du hast alles Nötige zurechtgelegt? Prima. Die nächsten Schritte: Du lüftest noch einmal ordentlich durch, damit sich unangenehme und ablenkende Gerüche wie Essensdunst oder Zigarettenrauch verziehen. Womöglich möchtest du stattdessen mit Duftkerzen oder Räucherstäbchen für angenehme Wohlgerüche sorgen – wenn es zu der von euch gewünschten Inszenierung passt. Mir sind allerdings keine Düfte bekannt, die Dominanz oder Unterwürfigkeit verstärken könnten. Allenfalls kannst du auf diese Weise das Außergewöhnliche, Exquisite eurer Begegnung betonen.

Wichtiger ist es, für eine angenehme Raumtemperatur zu sorgen, da zumindest einer von euch beiden vermutlich über längere Zeit nackt sein wird. Es mag eine reizvolle Vorstellung sein, den anderen dadurch zu quälen, dass man ihn ein wenig frieren lässt, aber eigentlich lenkt das nur von der Konzentration auf euer Spiel ab und reduziert dadurch die erotische Stimmung.

Wie sieht es mit der Beleuchtung aus? Hier solltest du vor allem darauf achten, die Extreme zu vermeiden. Ist die Wohnung, wo euer Spiel stattfinden soll, von hellem Licht durchflutet, lässt euch das nicht angemessen zur Ruhe kommen, und eine geheimnisvoll-romantische Atmosphäre kann sich dabei auch nicht entwickeln. Allzu duster sollte es bei euch aber auch nicht sein – denn für vieles, was der Dominante mit seinem Partner anstellen möchte, benötigt er gute Sicht. Wenn er bei einem Fesselspiel die Knoten mehr ertasten muss, als dass er sie sehen kann, oder in der Düsternis die Reitgerte nicht findet, die eigentlich griffbereit daliegen sollte, kann das den Ablauf eines Spiels stark beeinträchtigen.

Körperliche Mängel bleiben durch schwaches Licht besser verborgen, was den Herrn selbstbewusster und den Sklaven weniger befangen macht. Die Beleuchtung zu dämpfen ist also sinnvoll, wenn du der Dominante bist und deinen Partner in dieser Hinsicht schonen möchtest. Willst du ihn hingegen in seiner Nacktheit bloßstellen und demütigen, könntest du eine Lichtquelle so ausrichten, dass sie genau dorthin strahlt, wo sich dein Partner befinden wird, während du selbst dich vielleicht lieber im Schatten halten möchtest. Und wenn du bei deinen Psychospielen noch eine Schippe drauflegen möchtest, kannst du in dem Raum, in dem ihr spielt, auch einige Spiegel geschickt so positionieren, dass dein »Sklave«, während er sich dir unterwirft, mit ansehen muss, was für eine jämmerliche oder lächerliche Figur er abgibt – immer angenommen, dass ihr beide auf genau solche Demütigungen steht.

Von angenehmen Gerüchen über Zungenfreuden bis zur richtigen Beleuchtung hast du jetzt nach und nach dafür gesorgt, dass auf fast alle eure Sinne so eingewirkt wird, dass die passende Stimmung für ein solches Spiel entsteht. Einzig das Gehör haben wir bislang ausgelassen. Wenn du auch auf dieser Ebene arbeiten möchtest, geht es vor allem um die Wahl einer CD, die der von euch angestrebten Atmosphäre dienlich ist. Vor allem in den Sparten Gothic, Dark Wave, Industrial und der sogenannten »Mystic Music« habt ihr ein breites Spektrum zur Auswahl, das eigentlich nur von eurem persönlichen Geschmack umgrenzt wird.

Wie du siehst, kannst du von Anfang an eine richtiggehende Bühne für euer Spiel bereiten und wie ein raffinierter Filmregisseur die verschiedensten psychologischen Manöver anwenden, um die gewünschte emotionale Wirkung herzustellen. Vielleicht möchtest du in der dominanten Rolle als Krönung des Ganzen zuletzt eine Art Thron errichten: eine gemütliche, majestätisch wirkende, vielleicht etwas erhöhte Sitzgelegenheit, von der aus du das gesamte Zimmer gut überblicken kannst. Bist du in der unterwürfigen Position kannst du einen solchen Thron natürlich auch erbauen – dann eben für deinen Partner.

Wie kann ich mich selbst unmittelbar vor dem Spiel vorbereiten?

Eine Möglichkeit, dich mental schon einmal in die von dir gewählte Rolle zu begeben, besteht darin, dass du dich entsprechend kleidest. Wenn du eine Frau bist, hast du hierzu vermutlich schon eigene Ideen. Die Bandbreite für dich ist recht groß. Aufwendige Dessous mitsamt Strapsen, Netzstrümpfen und Korsett passen gut zu einer devoten Rolle. Allerdings kann aufreizende Kleidung für eine dominante Frau ebenfalls günstig sein, indem diese Garderobe einen spannenden Kontrapunkt darstellt – insbesondere wenn du deinen Partner aufreizen und zugleich quälen möchtest. Strenger kommst du daher, wenn du dich für Lack, Leder und/oder Latex entscheidest oder eine züchtige Bürobekleidung mit maskulinen Elementen wie einem Hut oder einer Krawatte unterstreichst. Idealerweise sollte die von dir gewählte Kleidung deine Lust ebenso emporflammen lassen wie die deines Partners.

Ein besonderes Augenmerk verdienen dabei deine Füße, vor allem falls dein Lover über längere Zeit vor dir knien sollte. Ein hübsches Paar Stiefel verfehlt wohl bei den meisten Männern seine Wirkung nicht und stellt ein deutliches Symbol von Herrschaft dar. Stöckelschuhe sind als Fetische beliebt, strecken deine Beine und machen dich erotisch anziehend, was besonders effektiv ist, wenn du die »unberührbare Herrin« spielst. Allerdings solltest du in solchen Schuhen auch gehen können – eine Herrin, die hilflos umherstöckelt, wirkt alles andere als majestätisch.

Insbesondere wenn du dich in der dominanten Rolle befindest, ist es wichtig, dass du dich in deiner Kleidung wirklich wohlfühlst. Dich nur deinem »Sklaven« zuliebe in einer Weise zu stylen, die dir nicht behagt, passt nicht zu einer Herrin, auch wenn du um gewisse Zugeständnisse wohl nicht herumkommst: Wenn du unbedingt die Domina im flauschigen Strickpullover spielen möchtest, solltest du schon ein überzeugendes Repertoire an sadistischen Gemeinheiten auffahren können, damit der erotische Reiz durch den Kontrast zu dieser Kleidung entsteht, statt dass der Pulli deiner Ausstrahlung schadet.

Bist du als Frau hingegen in der unterwürfigen Rolle, kannst du eher mit Kleidung experimentieren, in der du dich unwohl und unsicher fühlst, um dadurch schneller in die Rolle der Sklavin zu finden. Auch hierfür gibt es ganz unterschiedliche Möglichkeiten. Drei Beispiele: Kleidung, in der du deinen Körper besonders schamlos präsentierst, etwa indem deine intimsten Stellen dabei nackt bleiben, hilft dir, dich erniedrigt und ausgeliefert zugleich zu fühlen. Eine ganz andere Möglichkeit bietet der Dummchen- und Schlampen-Look, bei dem du dich so anziehst, als ob du an kaum etwas anderes denken könntest, als deinen Körper zum Ficken anzubieten. Dazu gehören etwa sehr hohe Pumps, Naht- oder Netzstrümpfe, ein Mikro-Rock in Pink, ultragrelle Schminke in derselben Farbe oder in Lila, falsche Wimpern und künstliche Fingernägel, auffälliger Strass, eine fast durchsichtige Bluse oder ein bauchfreies Top und stark wahrnehmbares Parfüm. Vor allem wenn dein Partner mit dir in dieser Kleidung ausgeht, du von allen möglichen Männern und Frauen angeglotzt wirst und ahnst, was diese Menschen über dich denken, kann diese Erniedrigung ein heißes Vorspiel darstellen. Und drittens schließlich gibt es Kleidung, die direkt auf deinen Körper einwirkt: etwa Schuhe mit so hohen Absätzen, dass du nur schwankend und strauchelnd gehen kannst, oder ein Korsett, das so eng ist, dass es dir nur flaches Atmen erlaubt, was dich kontinuierlich ein bisschen schwindelig macht und dir dadurch erschwert, klare Gedanken zu fassen.

Wenn du ein männlicher Leser dieses Ratgebers bist, steht dir leider keine so große Bandbreite zur Verfügung. Eine devote Rolle kannst du dadurch unterstreichen, dass dich deine Partnerin »zwingt«, Frauenunterwäsche zu tragen und dir Finger- oder Zehennägel zu lackieren, aber dieses Crossdressing ist nicht jedermanns Sache. Es kann sein, dass dir nur Nacktheit und ein Lederhalsband übrig bleiben, vielleicht auch ein Cockring, um ständige Einsatzbereitschaft zu symbolisieren und dich zu einem Sextoy zu reduzieren. In der dominanten Rolle ist dein Spielraum größer – von einem deine Männlichkeit betonenden Cowboylook über herbe Rockerklamotten bis zu eleganter Herrengarderobe, die auf andere Weise Macht und Überlegenheit ausdrückt. Vielleicht gehst du mit deiner Partnerin entsprechende Magazine durch, um zu sehen, was sie zum Niederknien scharfmacht; vielleicht besucht ihr zusammen auch einen Army-Shop oder einen Laden, in dem man Fetischgarderobe erhält. Als

Accessoire kann eine blickdichte Sonnenbrille, die Unnahbarkeit verleiht, wirkungsvoll sein.

So oder so dürftest du feststellen, dass schon in den Minuten, in denen du dich entsprechend zurechtmachst und noch bevor du deinem Partner überhaupt begegnet bist, das Kopfkino bereits einsetzt, das dich emotional auf das gewünschte Gleis bringt.

Es gibt noch weitere Möglichkeiten, sich mental auf ein solches Spiel vorzubereiten. Beispielsweise kannst du in der Stunde davor in entsprechender erotischer Literatur schmökern, sodass du dich geistig schon einmal darauf einstimmst, was gleich auf dich zukommen wird. Hilfreich ist mitunter auch, bestimmte Sätze so lange laut auszusprechen, bis du dich daran gewöhnst und sie für dich nicht mehr albern, sondern glaubhaft klingen: Sätze wie »Ich bin die Herrin in unserer Beziehung und mein Sklave hat mir zu dienen.« Geh dabei im Raum auf und ab, bis deine Körpersprache zu der Rolle findet, die du einnehmen willst. Es ist wirkungsvoller, wenn du deinen Lover bereits stolz, selbstbewusst und aufgeputscht empfängst, als wenn du erst in seiner Anwesenheit mit deiner neuen Rolle klarzukommen versuchst.

Wenn du der unterwürfige Partner bist, gibt es

ebenfalls Techniken, möglichst früh in deiner Rolle anzukommen. Findet das Spiel in deiner Wohnung statt, kannst du dort bereits lange bevor dein Partner eintrifft, nackt und auf Knien im Flur warten, was deine innere Anspannung merklich verstärken dürfte. Spielt ihr in der Wohnung deines Partners, kann er dir befehlen, dich sofort auszuziehen, sobald du die Wohnung betreten hast, und dann in euer Spielzimmer zu kriechen, wenn er dich ruft. Er kann dir aber auch befehlen, vor seinen Augen einen aufreizenden Strip hinzulegen. Habt ihr eine gemeinsame Wohnung, könnt ihr zwischen diesen Möglichkeiten wählen. Was immer den unterwürfigen Partner psychologisch schwächt und den dominanten Partner mental stärkt, hilft euch, eure Rolle von Anfang an richtig zu spüren.

Bei all diesen Techniken setze ich allerdings voraus, dass euer Gespräch darüber, was genau ihr miteinander anstellen möchtet, bereits stattgefunden hat. Wie erwähnt ist es gerade bei Anfängern sinnvoll, dieses Gespräch auf Augenhöhe zu führen, und dabei kann es schaden, wenn man bereits zu sehr in seiner Rolle aufgegangen ist.

Wie kehre ich nach einem Spiel in den Alltag zurück?

Solange ihr nicht 24/7 spielt – was ich Anfängern nicht empfehlen würde –, kehrt ihr irgendwann wieder in jene Welt zurück, in der ihr beide weitgehend gleichberechtigt seid. Auch jetzt könnt ihr diesen Übergang wieder durch ein Ritual wie das Abnehmen eines Halsbandes markieren. Und so wie man nach dem Kuschelsex oft noch eine Zeitlang wohlig nebeneinanderliegt, kann man auch jetzt auf das emotional intensive SM-Spiel eine gemeinsame Beschäftigung folgen lassen, bei der man komplett entspannt. Was genau das ist, hängt von eurer Stimmung und eurem Naturell ab. Ihr könnt zum Beispiel miteinander schmusen und sanfte Zärtlichkeiten austauschen, zusammen romantische Popsongs hören oder einen Film ansehen, einen Spaziergang machen oder eine Kleinigkeit essen.

Genauso gut könnt ihr aber auch auf euer gemeinsames Spiel zurückschauen und einander mitteilen, wie es für euch war. Was habt ihr in bestimmten Situationen gedacht und empfunden? Ist es euch gelungen, beim anderen jene Gefühle hervorzurufen, die ihr erzeugen wolltet? Konnte der Unterworfene sämtliche Handlungen genießen oder wurden seine Grenzen an bestimmten Punkten überschritten oder wunde Punkte berührt? Auch ein solches Gespräch kann hervorragend verdeutlichen, dass ihr wieder auf einer gemeinsamen Ebene angekommen seid. Nachdem der unterwürfige Partner eine Zeitlang wie ein Sklave, Tier oder Möbelstück behandelt wurde, erlebt er jetzt, dass er von seinem Lover ernst genommen wird und diese Spiele auch seine Bedürfnisse vollkommen befriedigen sollen: Wenn man herausfindet, was noch nicht so gut funktioniert hat, gewinnt man Anhaltspunkte dafür, wie es bei zukünftigen Spielen besser laufen könnte.

Allerdings spricht auch einiges dafür, eine solche Unterhaltung nicht direkt nach einem Spiel stattfinden zu lassen, sondern erst in einem gewissen zeitlichen Abstand. Unmittelbar nach dem Spiel seid ihr vielleicht noch zu sehr euren Rollen von »Herr« und »Sklave« verhaftet, sodass zumindest der »Sklave« von euch beiden zögert, wirklich deutliche Kritik oder Verbesserungsvorschläge zu äußern. Oder das Gegenteil passiert: Einer von euch beiden ist emotional noch so aufgewühlt, dass er seine Kritik schärfer äußert, als es eigentlich beabsichtigt war und auch sinnvoll ist.

Insofern kann es klüger sein, ein paar Stunden oder vielleicht auch einen Tag zu warten, auch um nachzufühlen, wie es einem im Rückblick mit dem geht, was man erlebt hat. Wenn ihr euch die Zeit nehmt, erst einmal nachzuspüren, was bestimmte Situationen in euch ausgelöst haben, entsteht womöglich ein konstruktiveres Gespräch, das euch weiterbringt.

Ansonsten sind bei einem solchen Gespräch dieselben Regeln der sogenannten gewaltfreien Kommunikation hilfreich wie bei vielen anderen Gesprächen auch. Statt dass einer von euch seinem Partner also lediglich Vorwürfe an den Kopf knallt (»Das hast du total falsch gemacht!«), als ob es für solche Spiele ein feststehendes Regelbuch gäbe, ist es besser zu erklären, welche Handlung welche Empfindungen ausgelöst hat. Je besser dein Partner begreift, warum du dich in einer bestimmten Situation vielleicht nicht so wohlgefühlt hast, desto besser kann er darauf achten, es in Zukunft besser zu machen.

Natürlich sollte ein solches Gespräch nicht auf das Kritisieren beschränkt bleiben – andernfalls wäre es alles andere als angenehm, was euch dazu verleiten könnte, es künftig zu vermeiden. Ihr solltet euch also auch und vor allem mitteilen, was besonders gut funktioniert hat – und warum. Macht nicht den Fehler, alles für selbstverständlich zu halten, was glatt gelaufen ist. Oft hat euer Partner einige Mühe darauf verwendet, genau dafür zu sorgen. Wenn er danach aber nur zu hören bekommt, in welchen Punkten er angeblich »versagt« hat, dürfte seine Begeisterung für solche Spiele stark abnehmen.

Gerade wenn es eure ersten Schritte auf diesem mitunter doch recht heiklen Terrain sind, solltet ihr ruppige Schuldzuweisungen vermeiden, wenn etwas nicht optimal gelaufen sein sollte. Wenn ihr eure Partnerschaft vor nervenraubendem und oft unnötigem Streit bewahren möchtet, gebt lieber der konkreten Situation die Schuld, die euch noch überfordert hat, eben weil ihr Anfänger seid, als bei eurem Partner charakterliche Mängel auszumachen. Insbesondere wenn sich euer Partner im Rest eurer Beziehung fair und fürsorglich verhält und es nur bei diesen Spielen zu Problemen kommt, liegt die Vermutung nahe, dass er bestimmte Dinge einfach noch nicht gelernt hat und nicht etwa plötzlich ein gefühlloser Widerling geworden ist. Die Signale, an denen man einen tatsächlichen Narzissten erkennt, habe ich ja schon erwähnt.

Dasselbe Wohlwollen, das ihr in dieser Hinsicht eurem Partner schenkt, dürft ihr aber auch euch selbst zuteilwerden lassen. Erspart euch also quälerische Selbstvorwürfe, nur weil ihr weniger geschickt oder souverän wart oder weniger ausgehalten habt, als ihr euch in eurem Kopfkino vor diesem Spiel ausgemalt habt. Es ist beim SM so wie bei vielen anderen Dingen auch: Erst durch Erfahrung wird man klug und lernt, welche Erwartungen realistisch sind und was man tun oder lassen kann, um diesem Ideal so nahe wie möglich zu kommen. Aber auch was diese Lernkurve angeht, solltet ihr euch nicht verrückt machen: Den »perfekten Sex«, den man erreicht, wenn nur die richtige Leistung gebracht und die richtigen Techniken eingesetzt werden, gibt es auch im SM-Bereich nicht. Versucht lieber, das zu genießen, was geklappt hat, als euch auf das zu konzentrieren, was noch nicht so gut läuft. Je entspannter ihr seid, desto mehr Lust dürftet ihr empfinden.

Nachdem in den letzten Absätzen so viel von Manöverkritik die Rede war, sollte bei euch nicht der Eindruck entstehen, dass dies den wesentlichen Teil eines solchen Gesprächs nach dem Spiel ausmachen muss. Einen mindestens genauso großen Anteil sollte das emotionale Auffangen einnehmen, von dem zu Beginn dieses Abschnitts die Rede war. Der unterwürfige Partner sollte spüren, dass er nicht wirklich als »nichtsnutziges Sklavenschwein« betrachtet wird, mit dem man anstellen darf, was man möchte. Der dominante Partner hingegen sollte zurückgemeldet bekommen, dass er nicht wirklich ein »erbarmungsloser Sadist« ist und Schuldgefühle haben muss, weil er genauso streng und erbarmungslos war, wie ihr beide das vereinbart hattet. Auf der rationalen Ebene ist ihm das vermutlich klar. Aber unbewusst kann es ihn durchaus beschäftigen und Sorgen bereiten, was er seinem Lover »angetan« hat. Auch für ihn kann dieses Spiel insofern eine beängstigende oder zumindest verunsichernde Grenzerfahrung gewesen sein, wobei er das auch noch verbergen musste, weil er ja überlegen und kontrolliert zu wirken hatte. Auch darüber könnt ihr euch ruhig offen unterhalten, anstatt dass der Dominante von euch glaubt, auch nach dem Spiel noch unerschütterlich wirken zu müssen, damit beim nächsten Spiel die Illusion erhalten bleibt.

Was ist, wenn ich immer noch offene Fragen und Ängste habe?

Zum Ausklang dieses Ratgebers will ich auf eine ganz besondere Reaktion hinweisen, die vor allem Anfänger im SM-Bereich betrifft. Sie machen bei entsprechenden Spielen ihre Erfahrungen und gehen auch wirklich darin auf, weil sie diese Erlebnisse als sehr erregend empfinden. Wenn sie dann aber mit etwas Abstand darauf zurückblicken, wie sehr sie sich haben erniedrigen lassen oder was sie mit dem Partner alles angestellt haben, sind sie über sich selbst erschrocken, weil sie das nur schwer mit ihrem Selbstbild als selbstbewusster oder aber moralischer Mensch vereinbaren können: »Das habe ich alles gemacht? Und es hat mir gefallen? O Gott, ich muss ja total pervers sein! Nie wieder!«

Meinem Eindruck nach gibt es solche Reaktionen heute seltener als noch vor einigen Jahrzehnten: Den meisten Menschen ist inzwischen klar, dass die erotischen Vorlieben nun mal sehr breit gefächert sind und das Verhalten bei SM-Spielen nichts darüber aussagt, wie sich ein Mensch in anderen sozialen Situationen verhält. Aber komplett ausgestorben sind solche unnötigen Ängste und Sorgen wohl noch nicht. Wenn sie in dir selbst aufkommen, lass dir einfach Zeit, sie zu verarbeiten und beschäftige dich ein bisschen mehr mit seriösen Veröffentlichungen zu diesem Thema. Oft hilft es auch, sich mit anderen SM-Liebhabern darüber zu unterhalten.

Um dir auch bei deinen weiteren Schritten in die Welt des BDSM weiterzuhelfen, habe ich dir hier jene Links zusammengestellt, die ich nach über zwanzig Jahren Erfahrung für am hilfreichsten halte:

- Die sogenannte »Sklavenzentrale« findest du online unter *sklavenzentrale.info*. Hierbei handelt es sich Wikipedia zufolge um die größte deutschsprachige BDSM-Community. Sie umfasst rund 220.000 registrierte Mitglieder. Etwa 47.000 von ihnen tragen das sogenannte »Real-Zeichen«, was bedeutet, dass andere Benutzer bestätigt haben, dieses Mitglied persönlich zu kennen. Hier solltest du andere Menschen mit deiner Vorliebe finden, mit denen du dich vernünftig darüber unterhalten kannst.

- Vernünftig unterhalten kann man sich auch mit den Mitarbeitern des Charon-Verlages – dem führenden Verlag in der deutschen BDSM-Szene – über deren Beratungstelefon. Näheres erfährst du hier: *http://www.schlagzeilen.com/de/telefonberatung+zu+sm/*

- Ein Beratungstelefon für SMer in Krisensituationen bietet auch die Plattform »Mayday« an: *maydaysm.de*

- Weiterführende Online-Informationen erhältst du über die Linkliste des Charon-Verlages (*http://www.schlagzeilen.com/de/links/chats+diskussionsforen+und+mailinglisten.htm#links*).

- Wenn du zwischen 16 und 26 Jahre alt bist, wäre für dich vielleicht auch die sadomasochistische Jugendgruppe interessant. Näheres darüber erfährst du hier: *smjg.org*.

Mit allen Informationen und Tipps, die du aus diesem Buch erhalten hast plus diesen Anlaufstellen – falls dein Interesse darüber hinausgeht – halte ich dich für gut gerüstet, um in der Welt der BDSM-Erotik voll auf deine Kosten zu kommen. Ich wünsche dir sehr viel Spaß und wirklich tolle Momente, die dir im besten Sinne unvergesslich bleiben!

LESEPROBE:

ARNE HOFFMANN
SM-LUST

»Iris? Iris Wagner?«

Ich wandte mich und erwartete, einem meiner früheren Lehrer gegenüberzustehen. Mit ehemaligen Schulkameraden hatte ich bislang leider kein Glück gehabt.

Ich befand mich auf der 50-Jahr-Feier meines ehemaligen Gymnasiums im Westend unserer Stadt. So ganz wollte es mir selbst nicht in den Kopf, wie lange es schon her war, dass ich das letzte Mal durch diese Räume und Flure geschlendert war. Ich hatte in der Tageszeitung von diesem Jubiläum gelesen, zu dem ausdrücklich auch alle Ex-Schüler eingeladen waren, und da an diesem Wochenende nichts anderes anlag, hatte ich vorbeigeschaut. Wer weiß, dachte ich mir, welche alten Bekanntschaften ich hier wiedersehen würde? Und wie sich die Leute von damals wohl entwickelt hatten? Ich hatte mir sogar überlegt, mich modisch ein wenig aufzubrezeln, um einen guten Eindruck zu erzeugen: eine schicke Bluse vielleicht? Dann hatte ich mich aber doch ganz lässig für Jeans und Jeansjacke entschieden, so wie damals in der guten alten Zeit.

Es wäre auch egal gewesen, stellte ich zu meiner Enttäuschung fest. Das Jubiläum war nicht gerade überlaufen mit ehemaligen Schülern und aus meinem Jahrgang konnte ich überhaupt niemanden entdecken. Insofern waren die einzigen Leute, die mich erkannten, diejenigen, zu denen wir uns damals in der Opposition befunden hatten: die Lehrer. Und selbst die hatten Probleme. Die nette Frau Kaiser, die mich damals im Leistungskurs Französisch unterrichtet hatte, bemühte sich zwar redlich, mich nicht zu sehr merken zu lassen, dass sie sich kein Stück an mich erinnerte, aber es war trotzdem fast ein bisschen schmerzhaft. Allmählich kam ich mir vor wie Falschgeld, wie ich so durch die Hallen schlenderte, die nicht mehr die meinen waren, oder wie der Geist eines Verstorbenen, der unsichtbar für alle noch Lebenden seine frühere Heimstätte aufsucht.

Bis ich eben plötzlich mit meinem Namen angesprochen wurde und mich umwandte.

Es war kein Lehrer. Sondern Carsten. Der gute

alte Carsten, der mich damals in meinem anderen Leistungskurs, Deutsch bei Frau Lamprecht, aus der Ferne immer ein wenig angehimmelt hatte. Er war nicht unsympathisch, aber als Teenagerin hatte ich mich viel mehr für die sportlichen Jungs interessiert.

»Carsten!«, begrüßte ich ihn. »Hi! Ich dachte schon fast, ich würde überhaupt niemanden mehr wiedersehen von damals! Wie geht es dir denn?«

Er sah gar nicht viel anders aus als damals. Nicht ganz so mager, aber immer noch etwas schlaksig, immer noch nicht mit dem besten Geschmack für coole Klamotten ausgestattet, immer noch eher blass. Es hätte mich nicht gewundert, wenn er inzwischen irgendeinen Bürojob ausübte, bei dem er die ganze Zeit vor dem Bildschirm saß. Das hätte zu ihm gepasst.

»G-gut«, sagte er etwas unbeholfen und schluckte. Er schien nach den richtigen Worten zu suchen, als gäbe es irgendeine Formulierung, die mich besonders beeindrucken könnte, starrte mich aber nur stumm an. So wie damals.

»Ich hab auch noch keinen gesehen, den ich kenne«, meinte er endlich. »Außer den Lehrern natürlich.«

»Wie lange bist du schon hier?«, fragte ich ihn.

»Oh, seit … seit etwa einer halben Stunde vielleicht. Naja, eher seit zwanzig Minuten.«

Vielleicht würde er mit der Zeit etwas zutraulicher werden, wenn ich seine Unsicherheit einfach überging. Inzwischen fand ich sie irgendwie süß. Carsten war nicht einer der Mitschüler, bei denen ich mich nach einem Wiedersehen gesehnt hatte, aber er war wenigstens einer aus meiner Jugendzeit, mit dem ich plaudern konnte. Und die nächste Stunde oder so ein bisschen angehimmelt zu werden, würde mir sicher guttun.

»Ich war bis jetzt erst hier im Erdgeschoss«, sagte ich. »Wollen wir uns die anderen Stockwerke vielleicht gemeinsam ansehen?«

Er nickte begeistert. »Ja, das wäre doch eine gute Idee. Wenn du magst?«

Ich mochte. Also zogen wir zusammen los, während ich voranschritt und Carsten hinter mir herdackelte wie ein Hündchen. Vielleicht genoss er ja wenigstens den Blick auf meinen Po.

So streiften wir also durch unsere ehemaligen Klassenräume. In einem der Physiksäle zeigte man uns verblüffende und optisch wirkungsvolle Experimente, bei denen zum Beispiel bunte Flammen entstanden, in einem Raum für den Kunstunterricht präsentierte man von Schülern angefertigte Parodien auf bekannte Werbekampagnen, in einem anderen Raum hingen auf Stellwänden Zeitungsartikel über die damals von unserem Jahrgang angebahnte Partnerschaft mit einer Schule aus Moskau. Mit der Zeit wurde Carsten ein bisschen lockerer und war bald in der Lage, einfache Antworten zu geben und manchmal auch von sich aus etwas zu sagen. Dieses Wiedersehen mit einem ehemaligen Schwarm aus seiner Teenager-Zeit wühlte seine Gefühle vermutlich ganz schön auf.

Mittlerweile war es später Nachmittag und allmählich leerte sich das Gebäude. Ich wollte mir aber gern anschauen, ob im dritten Stock auch noch irgendetwas ausgestellt war, obwohl es nicht danach aussah. Vielleicht lief auch nur gerade mein Nostalgieempfinden Amok und ich wollte einen Blick in sämtliche Räume werfen, quasi unsere gesamte Schule noch einmal für mich erobern. Carsten tapste mir weiter brav hinterher.

Wie ich befürchtet hatte, herrschte oben jedoch tote Hose. Neugierig schlenderte ich trotzdem von einem der offenen Klassenräume zum anderen, bis wir schließlich an einem angekommen waren, der im hintersten Bereich lag. Vom Fenster aus hatte man einen herrlichen Blick über die Dächer der Stadt.

»Nett, oder?«, sagte ich.

»Ja«, erwiderte Carsten.

Ich zog mir einen Stuhl heran und legte meine lederbestiefelten Füße auf einen der Heizkörper am Fenster. »Jetzt erzähl mal«, begann ich. »Was hast du denn so alles getrieben die letzten Jahre?«

Carsten berichtete. Von seinem Studium, seinem Examen, seinen Schwierigkeiten, danach einen Arbeitsplatz zu finden, und wo er schließlich untergekommen war. Er war jetzt in der Verfahrenstechnik tätig, was im Klartext anscheinend bedeutete, dass er Kühlelemente für Gefrierschränke entwarf. Von einer Partnerin oder überhaupt von Frauen erzählte er nichts. Ich berichtete danach ein wenig von meinem Leben und er hörte aufmerksam zu.

»Wollen wir gehen?«, fragte ich endlich. »Es ist schon spät.«

Er nickte. Das Bedauern war ihm anzumerken. Aber mir war es ganz recht, unser Wiedersehen damit gut sein zu lassen. Gemeinsam gingen wir zu der großen Glastür, die zum Treppenhaus führte.

Sie war abgeschlossen. ...

GRATIS

Um diese heiße Story (12 Seiten) von Arne Hoffmann weiter zu lesen, füllen Sie einfach die beiliegende Postkarte aus oder geben Sie folgenden Code **»AH1NTBTIEY«** im Internet auf www.lebe.jetzt ein.

Erotische SM-Geschichten von www.blue-panther-books.de:

LESEPROBE:

ALISSA STONE

IM ZENTRUM DER LUST

... Mit einem Ruck entriss Alex mir die Augenbinde. Ich atmete laut ein. Zum einen, weil ich mit seiner Reaktion nicht gerechnet hatte und zum anderen, weil ich nun sah, wer vor mir auf dem Bett lag. Nämlich Mila.

»Wenn du es nicht zu Ende bringst, dann übernehme ich das. Während du uns dabei zusiehst und geduldig auf deine Strafe wartest«, sagte Alex. »Noch hast du die Wahl.«

»Ich nehme die Strafe in Kauf«, sagte ich. Niemals würde ich diese pedantische Irre verwöhnen. Milas Augen funkelten vor Schadenfreude und ein anmaßendes Grinsen lag auf ihren dünnen Lippen.

Alex packte meine Handgelenke und verhakte die Manschetten hinter meinem Rücken.

Er deutete auf eine der Säulen. »Ich möchte, dass du dich dorthin stellst.«

Ich erhob mich vom Bett und folgte mit erhobenem Haupt seinem Befehl. Niemals würde ich Mila Lust bereiten. Niemals.

Die Säulen standen im schwachen Licht der Bodenspots, während sich das Bett unter dem dominanten Schein des Lampenschirms präsentierte. Alex drehte an einer Ringschraube, die über meinem Kopf in der Säule steckte. Als er dieselbe Schraube in Höhe meiner Hände in den Marmor drehte, bemerkte ich, dass die Säule über mehrere Schraublöcher verfügte. Er stand direkt neben mir und hakte die Ringe der Manschetten daran fest. Mein Herz pochte wie verrückt und ich hoffte, er würde mich auf irgendeine Art berühren. Nur damit ich das Gefühl bekam, ich wäre ihm wichtiger als Mila.

Doch nichts dergleichen geschah. Stattdessen wendete er sich Mila zu, die, auf Ellenbogen gestützt, vor uns auf dem Bett lag und mich selbstgefällig musterte.

»Du wirst Lydia nicht aus den Augen lassen. Jedes Mal, wenn sie ihren Blick von uns wegbewegt, erhöht sich ihre Strafe um zehn weitere Schläge.«

Das konnte doch nicht sein Ernst sein! Sie würde mir absichtlich eine höhere Strafe aufbrummen wollen, da war ich mir jetzt schon sicher.

Alex stellte sich neben das Bett und zog Milas Beine zu sich, sodass sie quer über dem Bett lag. Sofort drehte sie ihren Kopf zur Seite und fixierte mich mit stechendem Blick. Ein abfälliges Grinsen lauerte auf ihren Lippen.

Demonstrativ spreizte sie die Beine. Alex öffnete seine Hose und sein erigierter Penis schwang heraus. Er kniete sich auf das Bett und schob sich zwischen Milas Schenkel. Dann stieß er in sie. Eifersucht stieg in mir hoch. Ich sollte für meine Verweigerung also zweimal bezahlen. Zum einen würde Alex mich mit Schlägen bestrafen, zum anderen hatte ich Mila das Vergnügen beschert, von ihm genommen zu werden – während ich zusehen musste. Dass mich Letzteres so treffen würde, hätte ich nicht gedacht. Wie gern wollte ich an ihrer Stelle sein. Ob sie wusste, dass ich etwas an Alex fand? Hatte ich mich verraten, als ich sie gefragt hatte, ob auch er beim Clubevent sei?

Ohne mich aus den Augen zu lassen stöhnte sie laut auf. Ihr Blick lachte mich aus. Es war albern, wie sie aufopfernd dalag und bei jedem Stoß so tat, als wäre sie kurz davor zu kommen. Ich verdrehte die Augen, und sogleich hörte ich Milas lechzende Stimme: »Zehn Schläge mehr!«

Das war nicht fair und sie wusste das. Ihr Blick verriet mir, dass sie nur darauf gewartet hatte.

Alex schenkte dem Ganzen keine Beachtung. Er beugte sich über Mila und saugte an ihren Brustwarzen, während er ihre Arme auf das Bett gepresst hielt und sich mit sanftem Rhythmus in ihr bewegte. Seine Muskeln waren angespannt und die Leidenschaft beherrschte seine Gesichtszüge. Er benutzte Milas Körper, ohne ihre Bedürfnisse außer Acht zu lassen. Immer wieder küsste er ihre Haut oder leckte mit der Zungenspitze über ihre Nippel, woraufhin sich ihr Brustkorb ihm gierig entgegenbäumte.

Obwohl ich so tat, als ließe es mich kalt, tobte in mir ein Hurrikan. Mit voller Wucht drückte er Neid und Eifersucht gegen meine Bauchdecke. Mir war übel und ich hätte sie am liebsten beide wüst beschimpft, nur um endlich wieder frei atmen zu können.

Zu allem Überfluss blinzelte ich viel zu oft, denn die Pflicht, ständig hinsehen zu müssen, entwickelte sich zur Qual. Doch ich wollte mich vor Mila beweisen. Und allein das erforderte mehr Disziplin, als ich aushielt. Die Emotionen schwappten über und füllten meine Augen mit Wasser. Beim nächsten Blinzeln löste sich eine Träne und blieb an meiner Wange haften. Ich versuchte die Augen möglichst lange offenzuhalten, damit die Tränen schnell versiegten. Bald sehnte ich nur noch den Moment herbei, wo Mila ihre Augen endlich schließen würde, damit ich das angestaute Wasser unbemerkt aus den Augen pressen konnte. Doch Mila tat mir den Gefallen nicht. Selbst als sie ihren Mund ein letztes Mal öffnete und mit angespannter Mimik das finale Beben aus ihrem Körper stöhnte, beließ sie ihren Blick auf mir.

Ich beobachtete Alex, der sich langsam aus ihr zurückzog. Sein Penis war noch immer prall, als er sich seitlich neben Mila aufs Bett legte und ihre Wange streichelte.

»Danke, Herr«, sagte sie.

Ich stieß einen Seufzer durch die Nase. Diese Heuchlerin.

Milas Körper hob sich unter den tiefen Atemzügen, während Alex seine Finger über ihren Körper gleiten ließ. Ihre Augen wirkten leer, entspannt. Die Schadenfreude war verschwunden, stattdessen zeichnete sich Glückseligkeit auf ihren Lippen ab. Dann gab Alex einen Kuss auf Milas Schulter und drehte mit den Fingern ihr Gesicht in seine Richtung. Als er ihr ein Lächeln schenkte, neigte ich den Kopf nach unten. Ich schluckte den Kloß hinunter und versuchte, die aufkeimende Eifersucht wegzuatmen.

Ich verabscheute Mila und hätte sie niemals zum Orgasmus bringen wollen. Doch viel weniger wollte ich sie zusammen mit Alex sehen. Dabei hatte ich mir das selbst zuzuschreiben. Ob er gewusst hatte, was das in mir auslösen würde? Womöglich war es sogar seine Absicht gewesen. Ich sollte es bereuen, dass ich die Aufgabe abgebrochen hatte.

»Zwanzig Schläge mit dem Paddle«, sagte Alex. »Und bring den kleinen Stock mit.«

Mila nahm ein Holzbrett, das aussah wie ein Tischtennisschläger, und griff dann nach einem zwanzig Zentimeter langen Stöckchen mit Lederschlaufe.

Ich atmete tief durch. Mit dem Paddle würde er mir wohl den Hintern versohlen. Aber was zum Teufel hatte er mit dem Stock vor?

Alex löste meine Hände von der Säule und verband die Manschetten vor meinem Körper. Er fasste meine Hüften und drehte mich mit dem Gesicht zur Marmorsäule. Erneut fixierte er meine Handgelenke am Haken. Obwohl die Angst in mir flackerte, genoss ich jede seiner Berührungen. Seine Nähe erregte mich.

»Geh zwei Schritte zurück und beuge dich nach vorn, sodass dein Rücken gerade ist.«

Ich neigte mich nach unten und öffnete die Beine, auch um Halt zu finden. Ein kalter Luftzug streifte durch meine Mitte. Seine Hand lag sanft auf meinem durchgestreckten Rücken. Mehrmals streichelte er über meine Kehrseite. Ich schloss die Augen, weil ich diesen schönen Moment für mich haben wollte.

»Öffne deinen Mund.«

Ich riss die Augen auf und blickte auf den Stock, den er mir quer vors Gesicht hielt.

»Ich möchte, dass du ihn im Mund behältst, während Mila dir die Strafe verabreicht. Hast du mich verstanden?«

Eine Woge des Protestes erfasste mich, als er ihren Namen nannte. Warum musste ausgerechnet sie mich bestrafen?

»Ich verspreche es«, sagte ich. Denn ich wollte keine Schwäche zeigen, nicht vor ihr. Alex schob mir den Stock in den Mund und ich klemmte ihn zwischen die Zähne. Ich würde beweisen, dass ich Mumm besaß. Gegenüber Mila, Alex und mir selbst.

Behutsam tätschelte sie mit dem Paddle mein Gesäß. Meine Muskeln verspannten sich, da holte sie aus und verpasste mir einen kräftigen Hieb. Ich sog scharf die Luft ein.

»Eins«, rief sie und machte mir die Tragweite meines Versprechens bewusst. Es folgte ein zweiter Schlag auf die andere Backe. »Zwei!«

Ich wippte nach vorn und stemmte die Handflächen gegen den glatten Marmor. Unerwartet legte Alex seine warme Hand auf mein Rückgrat. Ich fragte mich, warum er das tat. Wollte er mir Halt geben? Oder mich beruhigen?

Wieder trafen zwei Schläge meine Kehrseite, begleitet von Milas monotoner Stimme.

Nach dem fünfzehnten Hieb stand mein Hintern in Flammen und jeder weitere brannte, als hätte man glühende Scheite draufgelegt. Am liebsten hätte ich den Schmerz hinausgeschrien, doch ich durfte und wollte den Stock nicht fallen lassen. Ich biss so fest zu, dass ich befürchtete, er würde jeden Moment zerbrechen. Meine Beine zitterten vor Anspannung, aber das war mir egal.

»Mila«, rief Alex plötzlich. »Gönn ihr eine Pause. Und bring sie auf andere Gedanken.«

Was? Warum musste er gerade jetzt die Strafe hinauszögern?

Eine Handfläche rieb über mein loderndes Gesäß.

Ein Finger strich durch die Furche meiner Pobacken und arbeitete sich bis zu meiner Mitte vor. Ich stieg von einem Fuß auf den anderen und atmete scharf ein.

»Sieh mich an«, sagte Alex und hob mein Kinn. »Deine Strafe ist noch nicht vorbei. Nutze die Zeit, um runterzukommen. Du bist viel zu verkrampft.«

Er lehnte an der Säule und hielt mit beiden Händen meinen Kopf, während Mila ihre Finger über meine Klitoris tanzen ließ. So lange, bis wohlige Schauer im Schoß das Brennen übertönten und ich nur mit Mühe ein Aufstöhnen zurückhielt. Deutlich spürte ich die Macht, die Alex über mich besaß. Ich spürte sie tief in mir. Sie erregte mich. In dem Moment war mir egal, ob es Mila war, die mich stimulierte. Ich sah nur Alex vor mir, spürte seine Hände an meinem Gesicht. Sein Blick erforschte jede meiner Regungen und er schien zufrieden zu sein, mit dem, was er in meinem Gesicht zu lesen bekam. Ich cntspannte den Kiefer, um gezielter in die wachsende Erregung atmen zu können, als Mila ihren Finger in meine Scheide schob. Sie tastete sich exakt zu der Stelle vor, die eine unerträgliche Lust durch meinen Leib jagte. Ich zitterte vor Erregung. Und sie hörte nicht auf, über diesen einen Punkt zu reiben, bis sich ein lautes Stöhnen aus meiner Kehle löste. Der Stock glitt über meine Lippen und fiel klappernd zu Boden. Alex hob eine Braue und ließ meinen Kopf los, der sich sofort der Schwerkraft ergab. Langsam zog Mila ihren Finger aus mir.

»Noch die fünf Schläge, dann darfst du gehen«, sagte er und trat von der Säule weg.

Hitze stieg mir ins Gesicht, das nun direkt auf meine geschwollene Scham gerichtet war. Alex ging an mir vorbei, während der sechzehnte Hieb mich traf und das Feuer auf meinem Hintern neu entzündete.

Die darauf folgenden Schläge waren hart, aber ich ertrug sie. Das Einzige, was ich nicht ertrug, war mein Versagen. Wieder hatte ich ihn enttäuscht und wieder war eine Chance dahin. Ich verdiente die Schläge. Und mehr noch verdiente ich es, gehen zu müssen. ...

Erotische SM-Geschichten von www.blue-panther-books.de:

Leila Robinson
Jung! Schön! Devot!

Luna fällt aus allen Wolken, als ihre beste Freundin Sina ihr offenbart, dass sie mit ihrem neuen Partner Marc eine SM-Beziehung führt.

Die anfängliche Skepsis weicht schnell der Neugier auf diese geheimnisvolle Art der Erotik, und Luna lässt sich auf eine gedankliche Reise in diese fremde Welt ein.

Schon bald ist die Verführung so groß, dass sie ihr nicht wiederstehen kann, es wissen und selbst erleben will. Voller Leidenschaft gibt sie sich, auf der Suche nach sich selbst, hin.
Wird sie die erhoffte Lust in der Unterwerfung finden?

Eine erotische Reise durch die Anfänge des BDSM zweier junger Frauen, die sich und ihre Sexualität neu entdecken.

Joanna Grey
Befreie mich, versklave mich

Erotischer SM-Roman

Ein neuer Mann | Eine neue Liebe
Eine neue Erfahrung ...

Sie weiss nicht, dass in ihr eine Sklavin steckt.

Schritt für Schritt und mit viel Einfühlungsvermögen erweitert er ihre Schmerz- und Lustgrenzen.

Fühlen Sie das Vertrauen und die Nähe zwischen Dominanz und Unterwerfung.

Weitere erotische Ratgeber:

Wie gehst du am besten vor, wenn du deinen Partner zu deinem Sklaven machen möchtest? Mit welchen Techniken wirkst du auf erregende Weise dominant? Wie kannst du deinen Partner am raffiniertesten demütigen und bestrafen? Und worauf musst du achten, um ungewollte Schäden zu vermeiden? Die Antworten auf all diese Fragen findest du in diesem Buch – und viele Ideen für fantasievolle Erniedrigungen gibt es dazu. So lernst du Schritt für Schritt die Kunst der erotischen Herrschaft und gestaltest aus der Unterwerfung deines Partners ein erregendes Erlebnis für euch beide.

Herzliche Grüße Arne Hoffmann

Exklusiv & kostenlos für unsere Buchkäufer:

»SM-Lust«

Die erotische Kurzgeschichte & iPad-Gewinnspiel

Kostenlos per Post:

SM-Lust
Arne Hoffmann

Erotische
Kurzgeschichte

12 Seiten

Die Internet-Story
zu dem Buch:
»Die ersten Schritte SM -
Unterwerfung für Anfänger«

Die Verlosung erfolgt jeden ersten Freitag im Quartal (Datum des Poststempels). Gewinner werden schriftlich benachrichtigt.
Mitarbeiter von blue panther books und deren Angehörige dürfen nicht teilnehmen! Der Rechtsweg ist ausgeschlossen!

- [ ] Ja, ich möchte am iPad-Gewinnspiel teilnehmen.
- [ ] Bitte schicken Sie mir die kostenlose Internet-Story »SM-Lust« ausgedruckt per Post an meine folgende Adresse.

______________________ ❑ Herr ❑ Frau

Name, Vorname

Straße, Hausnummer

PLZ, Ort

Land | Geburtsdatum

E-Mail (für aktuelle Informationen)

Wie haben Sie von diesem Buch erfahren?

Wo haben Sie dieses Buch gekauft?

Infos zur Datenverarbeitung unter: blue-panther-books.de/de/datenschutz.html

Arne Hoffmann - Die ersten Schritte SM | 3. Auflage | AH1N | 526

Bitte freimachen falls Marke zur Hand

Antwort

blue panther books
Osterfeldstr. 12-14 | Haus 1 | Nord
22529 Hamburg
Deutschland / Germany